古抄本群書治要二種

金澤文庫本
羣書治要

圖版

七

〔唐〕魏徵 等撰 江曦 校理 潘銘基 解題

本冊目録

群書治要卷第四十四……三〇七七

羣書治要卌八
圖書寮
書號 117
冊數 48
函號 特 3

群書治要卷第卅八　秘書監鉅鹿男臣魏徵等奉勅撰

孫卿子　荀況

勸學

君子曰學不可以已青取之藍而青於藍冰水爲之而寒於水木受繩則直金就礪則利君子博學而日三省乎己則知明而行無過矣故不登高山不知天之高也不臨深谿不知地之厚也不聞先王之遺言不知學問之大也干越夷貉之子生而同聲長而異

聞之大也于越夷貉之子生而同聲長而異
俗教使之然也吾嘗終日而思矣不如須臾
之所學吾嘗跂而望矣不如登高之博見也
登高而招臂非加長也見者遠順風而呼
聲非加疾也而聞者彰假輿馬者非利足也而
致千里假舟楫者非能水也而絕江河君子
生非異也善假於物也故君子居必擇鄉遊
必就士所以防邪僻而近中正也積土成山風
雨興焉積水成淵蛟龍生焉積善成德聖

【第二紙】

雨興焉，積水成淵，蛟龍生焉，積善成德，聖
心備焉。故不積跬步，無以至千里，不積小流，無
以成河海。故聲無小而不聞，行無隱而不形。
玉在山而木潤，淵生珠而崖不枯，爲善不積
也，安有不聞者乎。

脩身

見善，必以自存也。見不善，必以自省也。故非
我而當者，吾師也；是我而當者，吾友也；諂諛
我者，吾賊也。故君子隆師而親友，以致惡其
賊。好善無厭，受諫而能誡，雖欲無進，得乎。

好善無厭受諫而能誡雖欲無進得乎
哉小人反是致亂而惡人之非己致不肖而
欲人之賢己心如虎狼行如禽獸而又惡人之
賊己諂諛者親爭者疏脩正爲笑至忠
爲賊雖欲無滅亡得乎哉
夫驥一日而千里駑馬十駕則亦及之矣
遲或速或先或後耳胡爲乎其不可相及也
步而不休跛鼈千里累土而不輟丘山崇成
彼人之才性之相懸也豈若跛鼈之與六驥足

【第三紙】

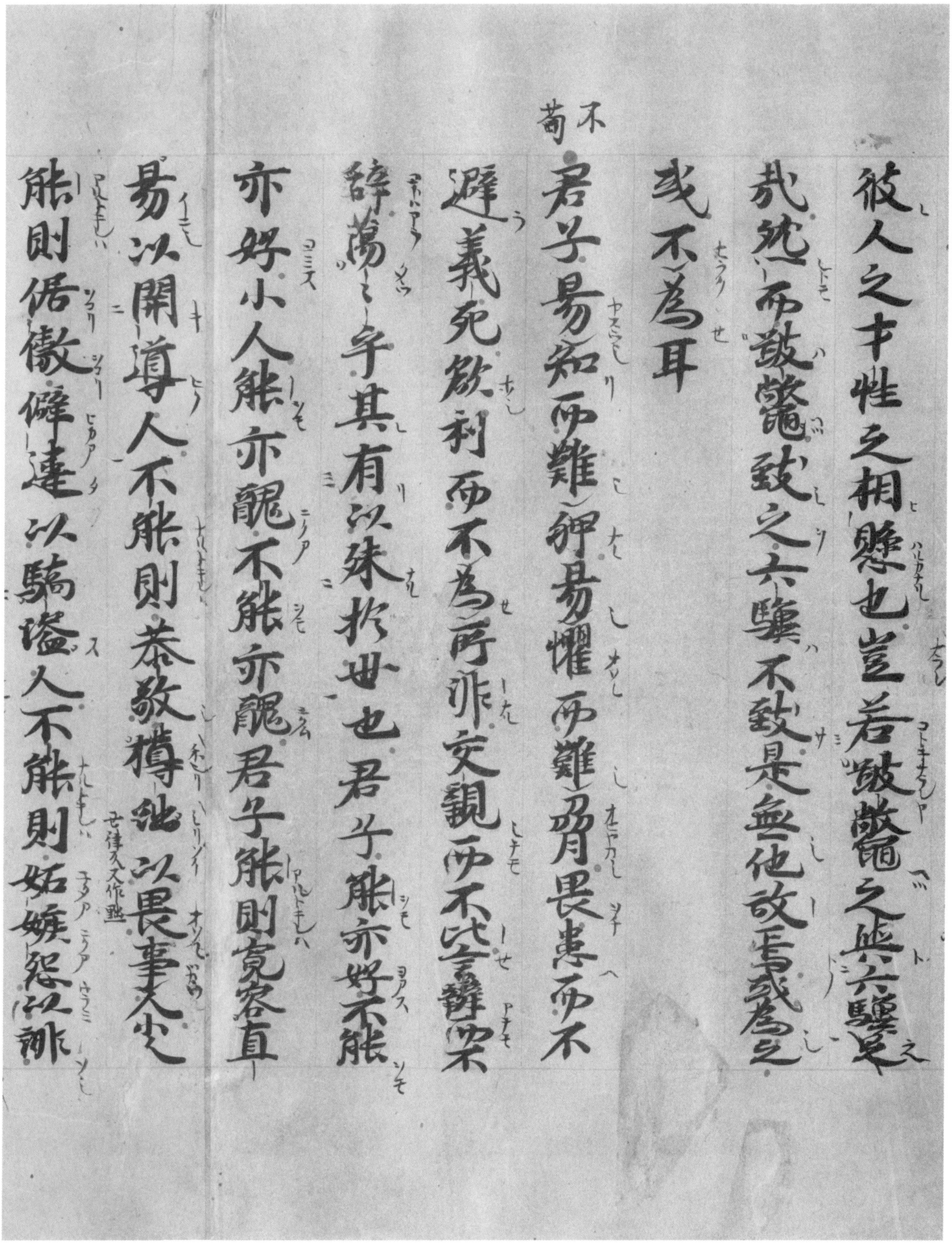

彼人之才性之相縣也豈若跛鼈之與六驥足哉然而跛鼈致之六驥不致是無他故焉或為之或不為耳

不苟

君子易知而難狎易懼而難脅畏患而不避義死欲利而不為所非交親而不比言辯而不辭蕩蕩乎其有以殊於世也君子能亦好不能亦好小人能亦醜不能亦醜君子能則寬容直易以開導人不能則恭敬繜絀古律反又作黜以畏事人也小人能則倨傲僻違以驕溢人不能則妬嫉怨誹

能則倨傲僻違以驕溢人不能則妬嫉怨誹
傾覆人故曰君子能則人榮學焉不能則
人樂告之小人能則人賤學焉不能則人羞告
之是君子小人之分也
君子養心莫善於誠致誠無他唯仁之守唯
義之行誠心守仁則能化誠心行義則能變
化代興謂之天德天不言而人推高焉地不言而
人推厚焉四時不言而百姓期焉夫此有常以至
其誠者也君子至德默然而喻未施而親不怒而

其誠者也君子至德默然而喩未施而親不怒而
威天地為大矣不誠則不能化万物聖人為智
矣不誠則不能化万民父子為親矣不誠則疏
君上為尊矣不誠則卑夫誠者君子之所守而政
事之本也君子位尊而志恭心小而道大所聽
視者近而所聞見者遠是何耶則操術然也君子
審後王之道而論於百王之前推禮義之統分是非
之分摠天下之要治海内之衆若使一人故操彌
約而事彌大五寸之矩盡天下之方故君子不下

【第四紙】

約而事彌大五寸之矩盡天下之方故君子不下
室堂而海内之情舉積此者則操術然也
榮辱
好榮惡辱好利惡害是君子小人之所同也若
其所以求之之道則異小人疾為誕而欲人信己疾
為詐而欲人之親己禽獸行而欲人之善己慮
之難知也行之難安也持之難立也成則必不得
其所好必遇其所惡焉故君子者信矣而亦
欲人之信己忠矣而亦欲人之親己脩正治辨矣
而亦欲人之善己慮之易知行之易安也持之

而亦欲人之善己慮之易知行之易安也持之
易立也成則必得其所好必不遇其所惡焉
是故窮則不隱通則大明身死而名彌白

非十二子

兼服天下之心高上尊貴不以驕人聰明聖智
不以窮人齊給速通不爭先人剛毅勇敢不
以傷人不知則問不能則學雖能必讓君子
能為可貴不能使人必貴己能為可信不能
使人必信己能為可用不能使人必用己故君
子恥不脩不恥見汙恥不信不恥不見信恥

【第五紙】

子恥不脩不恥見汙恥不信不恥不見信恥
不能不恥不見用是以不誘於譽不恐於
誹率道而行端然正己不爲物傾側夫是之
謂誠君子

仲尼

仲尼之門人五尺之豎子言羞稱乎五伯何
也曰然彼非本政教也非隆高也非綦文理也

綦巨箕反又作綨雜文也

非服人心也向方略審勞佚畜積脩鬬而能
顚倒其敵者也詐心以勝矣彼以讓飾爭
依乎仁而蹈利者也小人之傑也彼固曷足

依乎仁而蹈利者也小人之傑也彼固曷足稱乎大君子之門哉彼王者不然致賢而能以救不肖致彊而能以寛弱戰必能殆之而羞與之鬬委然成文以示之天下自化矣有家者然後誅之故聖王之誅綦省矣

儒效

秦昭王問孫卿曰儒無益於人之國孫卿曰儒者法先王隆禮義謹乎臣子而致貴其上者也雖窮困凍餧必不以邪道爲貪無置錐之地而明於持社稷之大義勢在人上則王公

地而明於持社稷之大義勢在人上則王
之材也在人下則社稷之臣國君之寶也雖隱於
窮閻陋屋人莫不貴之道誠存也在本朝
則美政在下位則美俗儒之為人下如是矣其
為人上也廣大矣志意定乎内礼節脩乎朝
法則度量正乎官忠信受愛利乎下故近者
歌謳而楽之遠者竭蹶而趨之四海之内若一
家通達之属莫不従服夫其為人下也如
彼其為人上也如此何為其無益於人之國

【第六紙】

彼其為人上也如此何為其無益於人之國
乎昭王曰善君子之所謂賢者非能徧能人
之所之謂也君子所謂智者非能徧知人
之所智之謂也君子所謂辯者非能徧辯
人之所辯之謂也謂也君子之所謂察者
非能徧察人之所察之謂也有所止矣相高
下序五種君子不如農人通財貨辯貴賤
君子不如賈人設規矩便備用君子不如
工人若夫論德而定次量能而授官使賢不

工人若吏論德而定次量能而授官使賢不
肖皆得其位能不能皆得其官万物
得宜事變得應言必當理事必當務然後
君子之所長也
君子無爵而貴無祿而富言而信不怒而威
窮處而榮獨居而樂豈不至尊至富至
重至嚴哉

王制

請問爲政曰聽政之大分以善至者待之以禮
不善至者待之以刑兩者分別則賢不肖

【第七紙】

不善至者待之以刑兩者分別則賢不肖
不雜是非不亂賢不肖不雜則英傑至是非
不亂則國家治若是令行禁止王者之事畢
矣公平者職之衡也中和者聽之繩也其有
法者以行其無法者者以類舉聽之盡也
偏黨而無經聽之擗也故有良法而亂者
有之矣有君子而亂者者自古及今未嘗聞
也傳曰治生乎君子亂生乎小人此之謂
也　馬駭輿則君子不安輿庶人駭政

也　馬駭輿則君子不安輿庶人駭政
故君子不安位馬駭輿則莫若静之庶
人駭政則莫若恵選賢良舉篤敬興孝
悌収孤寡如是則庶人安政然後君子安位
矣傳曰君者舟也庶人者水也水則載舟水
則覆舟此之謂也故君人者欲安則莫若
平政愛民矣欲榮則莫若隆礼敬士矣欲
功名則莫若尚賢使能矣是君人者之大節
也三節者當則其餘莫不當矣三節者不

【第八紙】

也三節者當則其餘莫不當矣三節者不
當則其餘雖曲當由將無益也成侯嗣公
聚斂計數之君也未及取民也鄭子產
取民者也未及為政也管仲為政者也未
及脩禮也故脩禮者王為政者強取民者安
聚斂者亡故王者富民霸者富士僅存之
國富大夫亡國富筐篋實府庫筐篋已富
府庫已實而百姓貧夫是之謂上溢而下漏
入不可以守出不可以戰則傾覆滅亡可立

【第九紙】

入不可以守出不可以戰則傾覆滅亡可立
而待也故我聚之以亡敵得之以強聚斂者
召寇肥敵亡國危身之道也故明君不蹈也

富國

足國之道節用裕民而善藏其餘也節用
以礼裕民以政彼裕民富出實百倍上以法取
焉而下以礼節用之餘若丘山夫君子奚患
乎無餘也故知節用裕民則必有仁義聖良之
名而且有富厚丘山之積矣不知節用裕民則
民貧出實不半上雖好取侵奪猶將寡獲

民貧出實不半上雖好取侵奪猶將寡獲
也而或以无礼節用之則必有貪利之名而
且有空虛窮乏之實矣礼者貴賤有等長
幼有差貧富輕重皆有稱者也德必稱位、
必稱祿、必稱用由士以上則必以礼樂節
之衆庶百姓則必以法數制之輕田之稅平關
市之征省商賈之數罕興力役无奪農時
如是則國富矣夫是謂以政裕民也人之生
不能無羣、而無分則爭、則乱、則窮矣

【第十紙】

不能無羣々而無分則争々則乱々則窮矣
故無分者人之大害也有分者天下之本利也
古者先王分割而等異之也故使或美或悪
或厚或薄或逸楽或劬労非特以為淫泰之
聲將以明仁之文通仁之順也故為彫琢刻鏤
黼黻文章使之以辨貴賤而已不求其観
為鐘鼓管磬琴瑟竽笙使之以辨吉凶合歓
定和而已不求其餘為宮室臺榭使之以避
燥溼辨輕重而已不求其外若夫重色而

燥濕辨輕重而已不求其外若夫重色而
衣之重味而食之重財物而制之合天下而
君之非特以為淫泰也以為王天下理万變
裁万物養万民兼制天下者為莫若仁
人之善也夫故其知慮足以治之其仁厚
足以安之其德音足以化之得之則治失之
則乱百姓誠頼其智也故相率而為之勞
苦以務逸之以養其智也誠美其厚也故
為之出死斷亡以覆救之以養其厚也誠美

黼黻

為之出死斷亡以覆救之以養其厚也誠美
其意也故為之雕琢刻鏤黼黻文章以藩
飾之以養其德也故仁人在上百姓貴之如
帝親如父母為之出死斷亡者无他故焉
其所是焉誠美其所得焉誠大其所利焉
誠多也故曰君子以德小人以力也百姓之力
待之而後功百姓之羣待之而後和百姓之
財待之而後聚百姓之勢得之而後安百
姓之壽待之而後長父子不得不親兄弟不得

【第十一紙】

姓之壽待之而後長父子不得不親兄弟不得
不順男女不得不歡少者以長老者以養故
曰天地生之聖人成之此之謂也今之世不
然厚刀布之斂以奪之財重田野之稅以奪
之食苛關市之征以難其事權謀傾覆
以靡敝之百姓曉然皆知其將大危亡也
是以臣背其節而不死其事者无他故焉
人主自取之也不教而誅則刑繁而邪不
勝教而不誅則姦民不懲誅而不賞則勤

勝教而不誅則姦民不懲誅而不賞則勤
勵之民不勸誅賞而不類則下疑俗險而
百姓不壹故先王明礼義以壹之致忠信以
愛之尚賢使能以次之爵服慶賞以申重之
時其事輕其任以調齊之兼覆之養長之
如保赤子若是故姦邪不作盜賊不起而化
善者勸勉矣是何耶則其道易其塞固
其政令壹其防表明也故曰上壹則下壹
矣上貳則下貳矣

矣上貳則下貳矣
國者天下之制利用也主人者天下之利勢
也得道以持之則大安也大榮也不得道以
持之則大危矣大累矣故用國者義立而
王信立而霸權謀立而亡三者明主之所謹擇
也仁人之所務白也湯以亳武王以鄗皆百

【第十二紙】

里之地也天下爲一諸侯爲臣通達之屬莫
不從服无他故焉以濟義矣是所謂
義立而王也齊桓晉文楚莊吳闔廬越句

義立而王也齊桓晉文楚莊吳闔廬越句
踐是皆僻陋之國也威動天下強殆中
國無他故焉信也是所謂信立而霸也不
務張其義濟其信唯利之求內則不憚
詐其民而求小利焉外則不憚詐其與
而求大利焉內不脩正所其以有然常欲
人之有如是則臣下百姓莫不以詐心待其
上矣上詐其下下詐其上則是上下析也
如是則敵國輕之與國疑之權謀日行而國

如是則敵國輕之與國疑之權謀日行而國
不免危削齊閔薛公是也是無他故焉唯
其不由礼義而由權謀也三者明主之
所謹擇也而仁人之所務白也善擇者制
人不善擇者人制之
國者天下之大器也重任也不可不善為擇
所而後措之措險則危不可不善為擇道然
後道之塗薉則塞危塞則亡彼道王者
之法与王者之人為之則亦王矣道霸者之

之法与王者之人為之則亦王矣道霸者之
法與霸者之人為之則亦霸矣道亡國之法與
【第十三紙】
亡國之人為之則亦亡矣故國者世以新者也
改王改行也一朝之日也一日之人也然而有
千歲之國何也曰援夫千歲之信法以持
之也安與夫千歲之信士為之也人无百歲
【第十四紙】
之壽而有千歲之信士何也曰以夫千歲之
法自持者是乃千歲之信士矣故與積礼
義之君子為之則王與端誠信全之士為之則

義之君子爲之則王與端誠信全之士爲之則
霸與權謀傾覆之人爲之則亡三者明主之
所謹擇也國危則无樂君國安則无憂民
亂則國危治則國安今君人者急逐樂而緩
治國豈不過甚哉譬之是由好聲色而恬
無耳目也豈不哀哉故百樂者生於治國
者也憂患者生於亂國者也急逐樂而
緩治國非知樂者也故明君者必將先治其
國然後百樂得其中闇君者必將急逐樂而

【第十五紙】

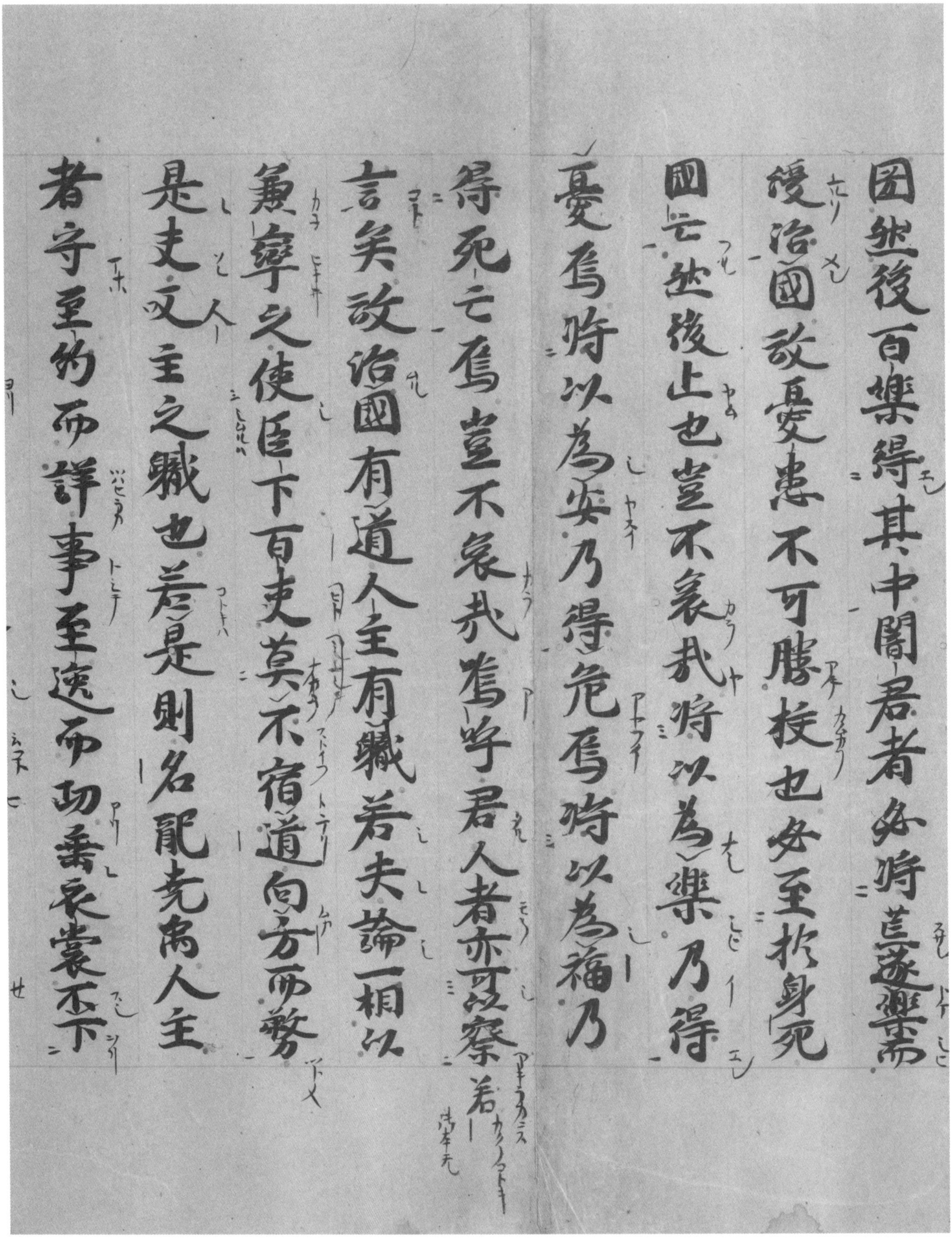
國然後百樂得其中闇君者必將荒遊樂而
緩治國故憂患不可勝校也必至於身死
國亡然後止也豈不哀哉將以為樂乃得
憂焉將以為安乃得危焉將以為福乃
得死亡焉豈不哀哉嗚呼君人者亦可以察若
言矣故治國有道人主有職若夫論一相以
兼率之使臣下百吏莫不宿道向方而務
是夫文主之職也若是則名配堯禹人主
者守至約而詳事至逸而功垂衣裳不下

臧獲　奴婢也　見楊雄方言

者守至約而詳事至佚而功垂衣裳不下
簟席之上而海内之人莫不願得以為帝
王夫是之謂至約樂莫大焉人主者以官人
為能者也匹夫者以自能為能者也人主
得使人為之匹夫則无所移之今以一人兼
聽天下必自為之然後可則勞苦耗萃莫
甚焉如是則雖臧獲不肯與天子易勢
業以是懸天下壹四海役之夫道也傳曰士
大夫分職而聽諸侯之君分土而守三公摠

【第十六紙】

大夫分職而聽諸侯之君分土而守三公揔
方而議則天子拱已而矣故人主欲得善射
〻遠中微則莫若使羿逢門矣欲得善
馭及速致遠則莫若使王良造父矣欲調
一天下制秦楚則莫若聽明君子矣其用
智甚其簡為事不勞而功名致大甚易
處而綦可樂矣夫貴為天子富有天下
為聖王兼制入人莫得而制也是人情之所
同欲也欲是之主並肩而存能建是之士不

同欲也欲是之主並肩而存能建是之士不
世絶千歲而不合何也曰人主不公人臣不
忠也人主則外賢而偏舉人臣則爭職而
妬賢是其所以不合之故也人主胡不廣焉
無恤親疏無偏貴賤唯誠能之求人臣輕職
業讓賢而安隨其後矣如是則功壹天
下名配禹舜物由有可樂如是其美
者乎嗚呼君人者亦可以察若言矣治國者
分已定則主相臣下百吏各謹其所聞不

分已定則主相臣下百吏各謹其所聞不
務聽其所不聞各謹其所見不務視其所
不見則雖幽閑隱僻百姓莫不敬分安
制以化其上是治國之寢也主道治近不
治遠治明不治幽治一不治二主能治近則
遠者理主能治明則幽者化主能當一則
百事正吏兼聽天下日有餘而治不足者如
此也是治之擾也既能治近又務治遠既能
治明又務治幽既能當一又務正百是過

【第十七紙】

悖　蒲没反　逆也　乱也　又蒲對反

治明又務治幽既能當一又務正百是過
者也過猶不及也不能治近又務治遠不
能察明又務見幽不能當一又務正百是
悖者也故明主好要而闇主好詳主好要則
百事詳主好詳百事荒矣
國得百姓之力者富得百姓之死者彊得百姓之
譽者榮三德者具而天下歸之三德者亡
而天下去之湯武脩天下同利除天下同
害故令制度所以接百姓者有非理如豪末

害政令制度所以接百姓者有非理如豪末
必不加焉敬百姓親之如父母為之死亡而不
偷也乱世不然使愚詔智不肖臨賢生
民則致貧隘使民則甚勞苦人望百姓
為之死不可得也孔子曰審吾所適人之
之所以來我也大國之主好見小利是傷
國又好以權謀傾覆之人斷事社稷安危
是傷國之主好詐群臣亦從而成俗群若
是則衆庶亦不隆礼義而好貪利矣君臣

是則衆庶亦不隆礼義而好貪利矣君臣
上下之俗莫不若是則地雖廣權必輕人
雖衆兵必弱刑雖繁令不下通是之
謂傷國

君道

有乱君無乱國有治人無治法羿之法非
亡也而羿不世中禹之法猶存而夏不世王
故法不能獨立得其人則存失其人則亡法
者治之端也君子者法之源也故有君子則
法雖省足以徧矣無君子則法雖具足以乱

【第十八紙】

法雖省足以徧矣無君子則法雖具足以亂
矣故明主急得其人而闇主急得其勢急
得其人則身逸而國治功大而名美急得
其勢則身勞而國亂功廢而名辱故君人
者勞於索之而休於使之械數者治之流也
非治之源也君子者治之源也官人守數君
子養源故上好禮義尚賢使能而无貪
利之心則下亦將綦辭讓致忠信而謹於臣
子矣故賞不治政令不煩而俗美百姓莫

子矣故賞不浯政令不煩而俗美百姓莫
敢不順上之法象上之志而勸上之事而安
樂之矣
君者民之源也源清則流清源濁則流濁
故有社稷而不能愛民不能利民而求民
之親愛己不可得也民不親不愛而求其
為己用為己死不可得也民不為己用不為己
死而求兵之勁城之固不可得也兵不勁城
不固而求敵之不至不可得也敵至而求无

【第十九紙】

不固而求敵之不至不可得也敵至而求无
危削不滅亡不可得也故人主欲彊固安樂
則莫若反之民欲附下壹民則莫若反之
政欲脩政美國則莫若求其人故君人
者愛民而安好士而榮兩者无一焉而亡也
明分職序事業材技官能莫不治理則公
達而私門塞矣公義明而私事息矣如是
則德厚者進而佞悅者止貪利者退而廉
節者起兼聽齊明而百事不留故天子不視

節者起兼聽齊明而事不留故天子不視
而見不聽而聰不慮而知不動而功愧然
獨坐而天下從之如四支之從心也
人主有六患使賢者為之則與不肖者規之
使智者慮之則與愚者論之使脩士行之
則與姧邪之人疑之雖欲成功得乎哉譬
之是猶立直木而恐其影之枉也惑莫大焉
語曰公正之士衆人之痤也脩道之人姧邪
之賊也今使姧邪之人論其怨賊而求其

【第二十紙】

之賊也今使貪鄙之人論其盗賊而求其
无偏得乎猶譬獨立枉木而求其影之
直也亂莫大焉故古之人爲之不然其取
人有道其用人有法取人以道參之以
禮用人之法禁之以等行義動靜度之
以禮智慮取舍督之以成日月積久校
之以功故卑不得臨尊輕不得縣重愚
不得謀智是以万舉不過也
人主欲得善射遠中微者欲得善馭

【第二十一紙】

人主欲得善射〻遠中微者欲得善馭速致遠者懸貴爵重賞以招致之內不可阿子弟外不隱遠人能致是者取之是豈不必得之以道哉雖聖人不能易也欲治國馭民調壹上下將內以固城外以拒難治則制人〻不能制也亂則危辱滅亡可立而待也而求卿相輔佐則獨不若是其公也難便辟親比己者之用也豈不過甚哉故有社稷者莫不欲強俄則弱矣莫不欲安俄

社稷者莫不欲彊俄則弱矣莫不欲安俄
則危矣莫不欲存俄則亡矣故明主有私
人以金石珠玉无私人以官職事業是何
也曰寧不利於所私也彼不能而主使之
則是主闇也臣不能而誣能則是臣詐也
主闇於上臣詐於下滅亡无日俱害之道
也夫文王非無貴戚也非无子弟也非无
便辟也乃舉太公而用之兼制天下立七
十一國姬姓獨居五十三人周之子孫莫不

【第二十二紙】

十一國姬姓獨居五十三人周之子孫莫不為顯諸侯如是者能愛人也故舉天下之大道立天下之功然後隱其所憐所愛故曰唯明主為能愛其所愛闇主則必危其所愛此之謂也

臣道

從命而利君謂之順從命而不利君謂之諂逆命而利君謂之忠逆命而不利君謂之篡不恤君之榮辱不恤國之臧否偷合苟容以持祿養交而已謂之國賊君有過謀過

以持祿養交而已謂之國賊君有過謀過
事將危國家隕社稷之具也大臣父兄有
能進言於君用則可不用則去謂之諫有
能進言於君用則可不用則死謂之争有
能比智同力率羣臣百吏而相與疆君矯
君以解國之大患除國之大害成於尊君
安國謂之輔有能抗君之命竊君之重反
君之事以安國之危除君之辱謂之弼故
諫争輔弼之人社稷之臣也國君之寶也明

諫爭輔弼之人社稷之臣也國君之寶也明
君之所尊厚也而闇主或君爲己賤也
故明君之所賞闇君之所罰也闇君之所
賞明君之所殺也傳曰從道不從君正義
之臣設則朝廷不頗諫爭輔弼之人信
則君過不遠爪牙之士施則仇讎不作邊
境之臣處則疆垂不喪故明主好同闇主
好獨明主尚賢使能而饗其盛闇主妬
賢畏能而滅其功罰其忠賞其賊夫是之謂

【第二十三紙】

376 賢是非而賊其功罰其忠賞其賊夫是之謂
377 至闇有大忠者有次忠者有下忠者有國
378 賊者以德覆君而化之大忠也以德調君
379 而補之次忠也以是諫非而怒之下忠也不恤
380 君之榮辱不恤國之臧否偷合苟容以持祿
381 養交而已國賊也

致士

382 人主之患不在乎不言而在乎不誠夫言用賢
383 者口也却賢者行也口行相反而欲賢者
384 之至不肖者之退不亦難乎夫耀蟬者

之至不肖者之退不亦難乎夫耀蟬者
務在明其火振其樹而已火不明雖振其
樹無益也今人主有能明其德則天下歸
之若蟬之歸明火也

議兵

臨武君與荀卿議兵於趙孝成王前王請
問兵要臨武君曰上得天時下得地利觀
敵之變動後之發先之至此用兵之要術
也荀卿曰不然所聞古之道凡用兵戰攻
之本在乎一民也弓矢不調則羿不能以

【第二十四紙】

之本在乎一民也弓矢不調則羿不能中
六馬不和則造父不能以致遠士民不親附
則湯武不能以必勝也故善附民者是
乃善用兵也故兵要在乎附民而已臨武君
曰不然兵之所貴者勢利也所行者變詐
也善用之者莫知其所從出孫吳用之無
敵於天下豈必待附民乎荀卿曰不然臣之
可道仁人之兵王者之志也君之所貴權謀
勢利攻奪變詐也仁人之兵不可詐也彼可

勢利攻奪變詐也仁人之兵不可詐也彼可
詐者怠慢者也故以桀詐桀猶有幸焉以桀
詐堯譬之若以卵投石若以指撓沸若赴水
火入焉焦沒耳故仁人上下一心三軍同力
臣之於君下之於上若子之事父弟之事兄
若手臂之扞頭目而覆胸腹也詐而襲之
與先驚而後擊之一也臨武君曰善陳囂
問荀卿曰先生議兵常以仁義為本仁者
愛人義者循理然則又何以兵為凡所為

愛人義者脩理然則又何以兵爲凡所爲有兵者爲爭奪也荀卿曰非汝所知也彼仁者愛人愛人故惡人之害之也義者脩理脩理故惡人之亂之也

彼兵者所以禁暴除害也非爭奪也故仁人之所存者神所過者化若時雨之降莫不悅喜故兵者親其善遠方慕其德兵不血刃遠邇來服德盛於此施及四極

天論

天行有常不爲堯存不爲桀亡應之以治

天論

天行有常不為堯存不為桀亡應之以治
則吉應之以亂則凶彊本而節用則天下
不能貧養備而動時則天不能病脩道而
不貳則天不能禍故水旱不能使之飢寒
暑不能使之疾妖不能使之凶背道而妄
行則天不能吉故水旱未至而飢寒
暑未薄而疾妖未至而凶受時與治世
同而殃禍與治世異不可以怨天其道然
也故明於天人之分則可謂至人矣

也故明於天人之分則可謂至人矣
天不為人之惡寒輟冬地不為人之惡遼
遠輟廣君子不為小人之匈匈輟行天有常
道地有常數君子有常體君子道其常
小人計其功星墜木鳴國人皆恐是天地
之變陰陽之化物之罕至者也怪之可也
而畏之非也夫日月之有食風雨之不時怪
異之儻見是無世而無世而不常有之上明
而政平則是雖並世起無傷也上闇而政

【第二十六紙】

耀 穀也 徒的反 徒弔反

而政平則是雖并世起無傷也上闇而政
險則是雖無一至者無益也若夫天地之
變畏之非也人妖則可畏也政險失民
歲稼惡耀貴民飢道路有死人夫是之謂
之妖也政令不明舉措不時本事不理夫
是之謂人妖也禮義不脩外內無別男女
淫亂父子相疑上下乖離寇難日至夫是
之謂人妖也三者錯無安國矣其說甚尒
其災甚慘傳曰万物之恠書不說無用之

其究甚惏傳曰万物之性盡不説無用之
辯不急之察弃而不治也若夫君臣之
義父子之親夫婦之別日切磋而不舍也
在天者莫明於日月在人者莫明於禮義故
人之命在天國之命在禮君人者隆禮尊賢而
王重法愛民而霸好利多詐而危權謀傾覆
而亡矣
正道
主道明則下安主道幽則下危故下安則
貴上下危則賤上故上易知則下親上矣

貴上下危則賤上故上易知則下親上矣
上難知則下畏上矣下親上則上安下畏上
則上危故主道莫惡乎難知莫危乎使
下畏己傳曰惡之者衆則危矣

子道

孝子出悌人之小行也上順下篤人之中行
也從道不從君從義不從父人之大行也孝
子所以不從命有三從命則親危不從命
則親安孝子不從命乃衷也從命則親
辱不從命則親榮孝子不從命乃義也

辱不從命則親榮孝子不從命乃義也
從命則禽獸不從命則脩飾孝子不從
命乃敬也故可以從而不從是不子也未
可以從而從是不衷也明於從不從之義而
能致恭敬忠信端愨以慎行之則可謂大孝
矣傳曰從道不從君從義不從父此之謂
也

性惡

繁弱鉅黍古之良弓也然而不得排檠不
能自正干將莫邪古之良劍也然而不加

能自正于將莫邪古之良劍也然而不加
砥礪則不能利不得人力則不能斷驊騮
騄耳古之良馬也然而必前有銜轡之制
後有鞭策之威加之以造父之馭然後一日
致千里也夫人雖有性質美而心辯智必
將賢師而事之擇賢友而友之得賢師
而事之則所聞者堯舜禹湯之行得良友
而友之則所見者忠信敬讓之行也身日進
於仁義而不自知者靡使然也今與不善人

【第二十八紙】

於仁義而不自知者靡使然也今與不善人
處則所聞者欺誣詐偽也所見行淫侈邪
貪利之行也身且加於刑戮而不自知
者靡使然也傳曰不知其子視其友不
知其君視其左右靡而已矣

哀公

桓公用其賊文公用其盜故明主任
計不信怒闇主信怒不任計計勝怒則強怒
勝計者亡

大略

大略

大略

天子即位上卿進曰如之何憂長也能除患則爲福不能則爲賊授天子一策中卿進曰能天而有下土者先事慮事先患慮患先事慮謂之接〻則事優成先患慮患謂之豫〻則禍不生事至而後慮者後之後〻則事不舉患至而後慮者謂之困〻則禍不可禦授天子二策下卿進曰敬戒無怠慶者在堂弔者在閭禍與福鄰莫

無哀慶者在堂弔者在閭禍與福鄰莫
知其門務〻哉〻万民望之授天子三
策
口能言之身能行之國寶也口不能言身能
行也國器也口能言之身不能行國用也口
言善身行悪國妖也治國者敬其寶愛
其器任其用除其妖義與利者人之所
兩有也雖堯舜不能去民之欲利然而
能使其欲利不克其好義也雖桀紂亦

【第二十九紙】

能使其欲利不克其好義也雖桀紂亦
不能去民之好義然而能使其好義不勝其
欲利也故義勝利者為治世利克義者為
乱世上重義則義克利重利則利克義
故天子不言多少諸侯不言利害大夫不
言得喪士不通貨財從士以上皆羞利而
不與民爭業樂分施而恥積藏然故民不
困則貧窶者有所竄其手矣仁義礼善
之於人也譬之若貨財粟米之於家也多有

之於人也譬之若貨財粟米之於家也多有之者富少有之者貧至無有者窮

君子

聖王在上分義行乎下則士大夫無流淫之行百吏官人無怠慢之事衆庶百姓無姦怪之俗無盜賊之罪莫敢犯上之禁天下曉然皆知夫盜竊之不可以為富也皆知夫賊害之不可以為壽也皆知夫犯上之禁不可以為安也由其道人得其所好焉不由其道

【第三十紙】

以為姦也由其道人得其所好焉不由其道
則必遇其所惡焉是故刑罰綦省而威
行如流也故刑當罪則威不當罪則侮爵當
賢則貴不當賢則賤古者刑不過罪爵不
踰德故殺其父而臣其子殺其兄而臣其弟刑
罰不怒罪爵賞不踰德是以為善者勸
為不善者沮威行如流化易如神亂世不然
刑罰怒罪爵賞踰德以族論罪以世舉
賢故一人有罪而三族皆夷德雖如舜不免

賢故一人有罪而三族皆夷德雖如舜不免
刑戮是以族論罪也先祖賢子孫必顯行
雖如桀紂從必尊此以世擧賢也以族論罪
以世擧賢欲無亂得乎聖者王貴
賢者霸敬賢者存嬻賢者亡古今通故
尚賢使能等貴賤分親疏序長幼此先
王之道也故尚賢使能則主尊下安貴
賤有等則令行而不留親疏有分則施
行而不悖長幼有序則事業揵成而有

行而不悖，長幼有序，則事業捷成而有
所休。故仁者仁此者也，義者分此者也，節
者死生此者也，忠者惇慎此者也，兼此
而能之備矣。

群書治要卷第卅八

以蓮華王院寶藏本加校點了

直講清原

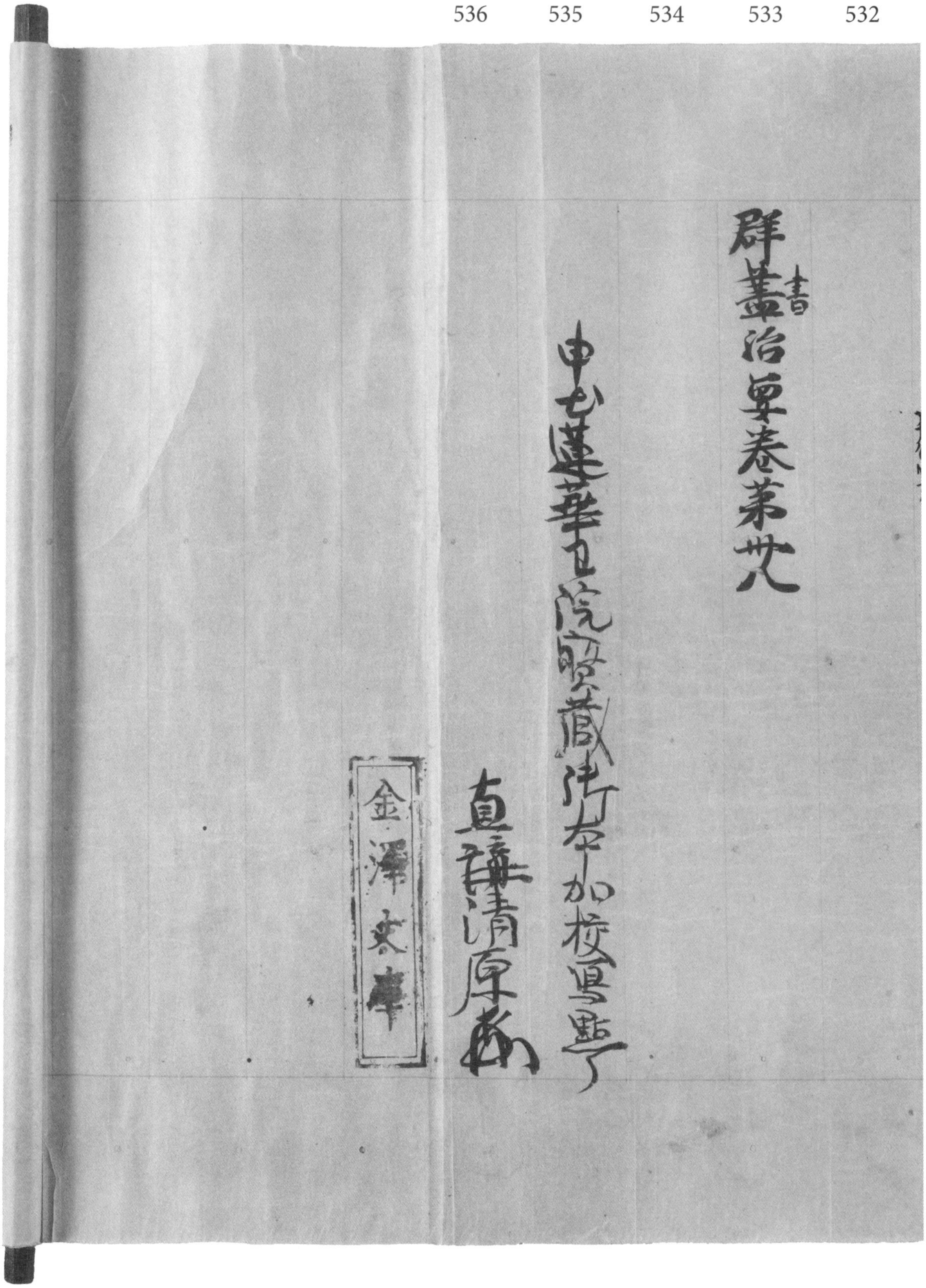
群書治要卷第卅八
申出蓮華王院寶藏御本加校點畢
直講清原
金澤文庫

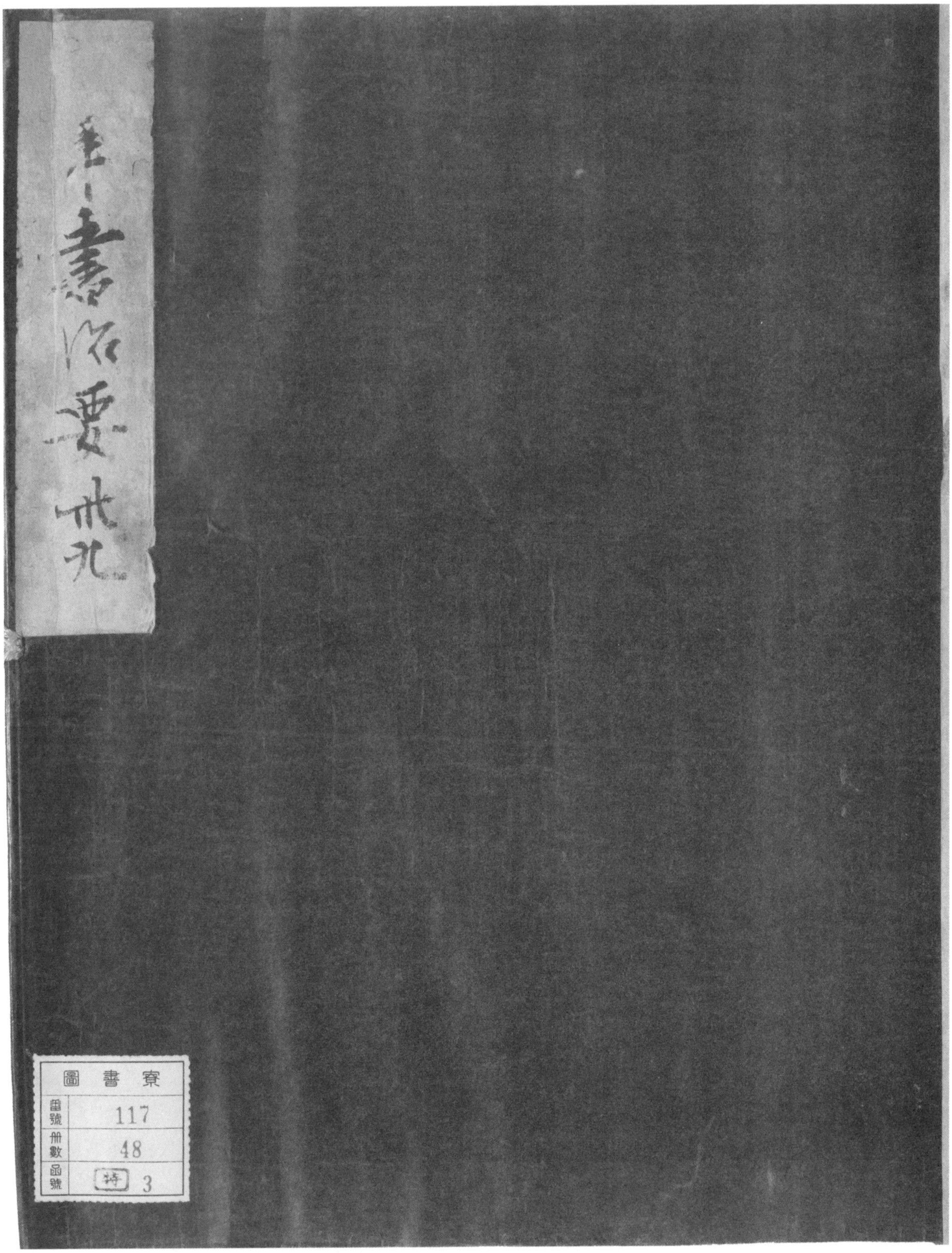
書治要
卅九
圖書寮
圖號 117
冊數 48
函號 特 3

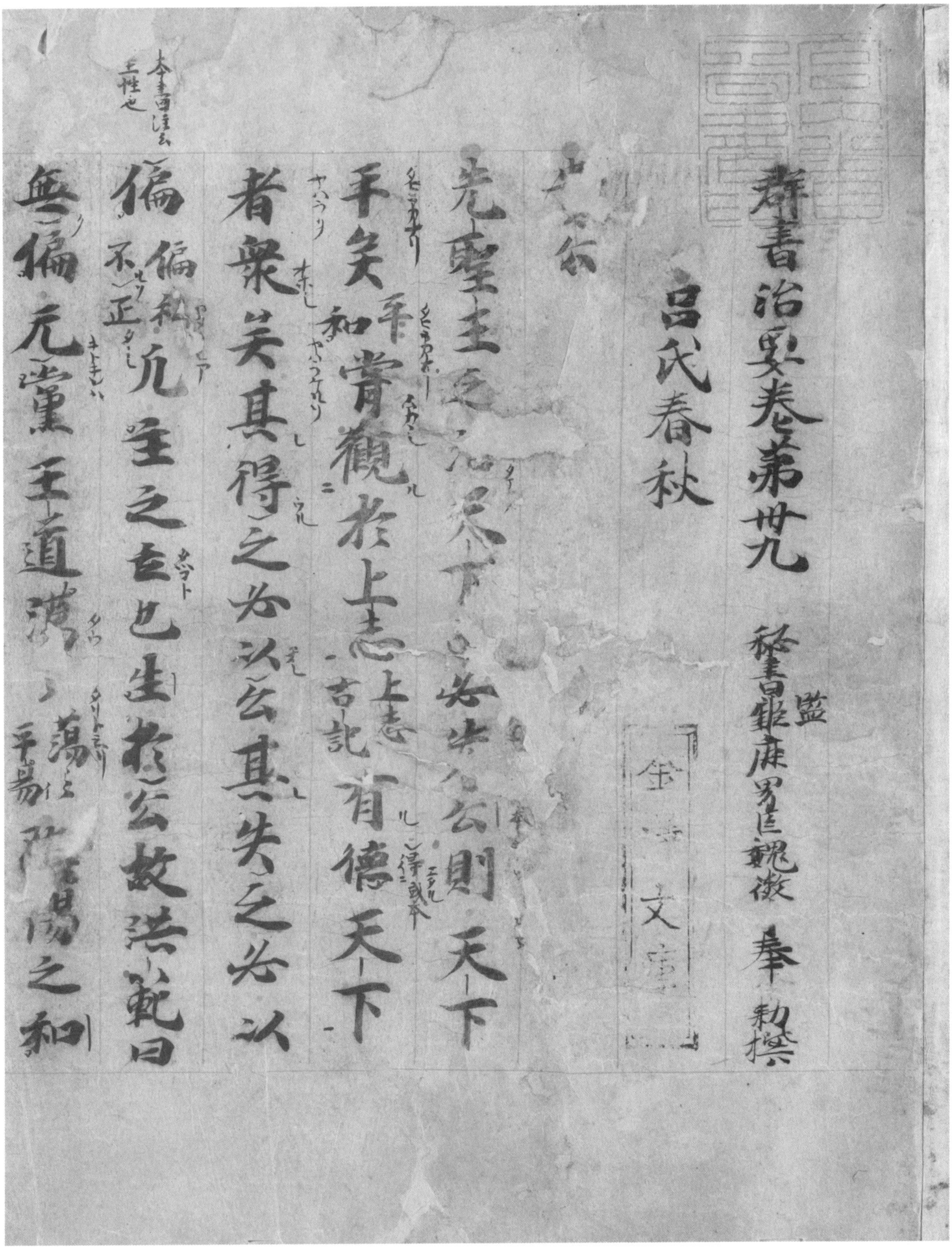

群書治要巻第卅九　秘書監鉅鹿男臣魏徵奉　勅撰

呂氏春秋

貴公

先聖王之治天下也必先公公則天下

平矣平和嘗觀於上志上志古記有德天下

者衆矣其得之必以公其失之必以

偏偏私不正凡主之立也生於公故洪範曰

無偏无黨王道蕩〻蕩〻平易陰陽之和

無偏无黨王道蕩〻陰陽之和
不長一類甘露時雨不私一物万民之
主不阿一人桓公行公去私惡用管子而
為五伯長行私阿所愛用豎刀而蟲出
於戶尸子爭立无主蓋長者六十人之少也日不殯至使流出尸也
其長也智拔智而用私不若愚而用
公用私以敗用公則德天无私覆也地无私載也

去私

日月無私燭也四時無私行也行其德
而万物得遂長焉遂庶人調和而不

【第二紙】

而万物得遂長焉遂庖人調和而不
敢食故可以爲庖若使庖人調和而
啗食之則不可以爲庖矣伯王之君然
誅暴而不私以封天下之賢者故可
以爲王伯若使伯王之君誅暴而私之
則亦不可以爲王伯矣誅暴所私枉則不可以爲王伯水
泉深則魚鼈歸之樹木盛則飛鳥歸
之庶草美則禽獸歸之人主賢則
豪桀歸之故聖王不務歸之者而務
本書注云材百人曰豪十人曰桀

【第三紙】

豪桀歸之故聖王不務歸之者而務

其所歸務人使歸之末也務其所行可歸本也施令之策不樂施令

令之必不悲背乎其中心也施之為道也可以成

小而不可以成大夫寒既至民煖是利清是走故民

大勢在上民無常處見利之聚

利之去欲為天子民之所走不可不

察

凡論人通則觀其所禮貴則觀其

所進富則觀其所養聽則觀其所

【第四紙】

【第五紙】

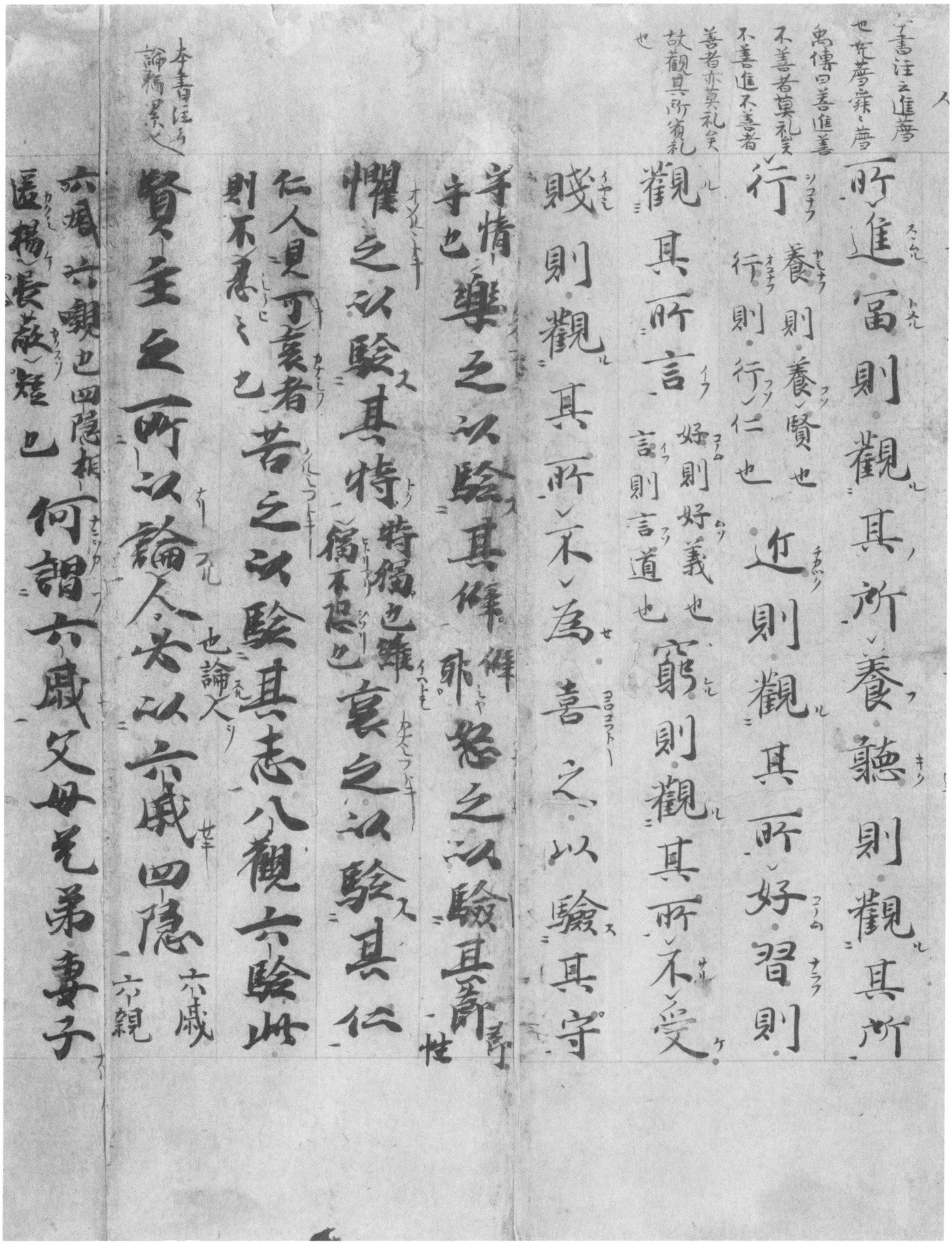

書注云進薦也世説薦舉薦禹傳曰善進善不善者莫礼矣不善進不善者善者亦莫礼矣故觀其所薦礼也

所進富則觀其所養聽則觀其所行（養則養賢也行則行仁也）近則觀其所好習則觀其所言（好則好義也言則言道也）窮則觀其所不受賤則觀其所不為喜之以驗其守（守情也）樂之以驗其僻（僻邪）怒之以驗其節（節性）懼之以驗其特（特獨也雖獨不恐也）哀之以驗其仁（仁人見可哀者則不忍之也）苦之以驗其志八觀六驗此賢主之所以論人也（論人也）（本書注有論猶擇也）若以六戚四隱（六戚六親）（六戚六親也四隱相匿揚也長藏也短也）何謂六戚父母兄弟妻子

六戚六親也四隱相匿揚長蔽短也何謂六戚父母兄弟妻子
子何謂四隱交友故舊邑里門廊内則
用六戚四隱外則八觀六驗人之情僞貪鄙
美沃美无所於失矣言盡知之此先聖王之所以
知人也

勸學

觀

先王之教莫榮於孝莫顯於忠
孝人君人親之所甚欲也顯榮人臣人
子之所甚願也然而人君人親不得所欲
人臣人子不得所願此生於不知理義不知理義
在君父則不化不忠也在臣子則不忠不孝不知義生於不學生備出也

尊師

在君父則不化不悉也在臣子則不忠不孝不知理義生於不學生循出也
是故古之聖王未有不尊師也尊師則不論
賤貴貧富矣神農師悉諸黃帝師大
撓悉姓諸名也大撓作甲子者也帝顓頊師伯夷父帝嚳
師伯招帝堯師子州支父支本書帝舜師許
由禹師大成贄湯師小臣小臣謂伊尹也文
王武王師呂望周公旦齊桓公師管夷吾
晉文公師咎犯隨會秦穆公師百
里奚公孫枝楚莊王師孫叔敖沈尹筮

【第六紙】

里奚公孫枝楚莊王師孫叔敖沈尹筮
沈歟大夫　吳王闔閭師五子胥文之儀　文氏儀名
越王句踐師范蠡大夫種此十聖六
賢者未有不尊師者也今尊不至於帝
智不至於聖而欲無尊師奚由至哉　至於
也道此五帝之所以絕也三代之所以滅
言五帝三代之後不復重道尊師故以絕滅也　音樂之所由來
大樂
遠矣天下太平萬民安寧皆化其
其上　化猶隨也　樂乃可成故唯得道之人其

其上化（循随也）樂乃可成故唯得道之人其
可與言樂乎（言）亡國戮民非無樂也其
樂不樂（不和於雅故不樂也）溺者非不笑也（溺人必笑雖笑不歡）
罪人非不歌也（當死者雖歌不樂也）狂者非不舞
（雖舞不勝中節）亂世之樂有似於此君臣失位父
子失處夫婦失宜民人呻吟其以為樂
若之何哉（言民人呻吟歎感不可為樂也故曰若之何也）亂世之

侈樂

樂為草木之聲則若雷為金石之聲
則若霆為絲竹歌舞之聲則若譟（譟叫）以

【第七紙】

則若雷為絲竹歌舞之聲則若譟以
此駭心氣動耳目搖蕩生則可矣生性以
此為樂則不樂不樂不知故樂愈侈而民愈鬱
侈淫也鬱不舒也國愈亂主愈卑則亦失樂之情
矣凡古聖王之所為貴樂者為其樂也
夏桀殷紂作為侈樂大鼓鐘磬管簫
之音以鉅為美大俶詭殊瑰耳所未嘗
聞目所未嘗見俶始也始作詭異瑰奇之樂故耳未嘗聞目未嘗見
務以相過不用度量不用樂之法制侈則侈矣

務以相過不用度量（不用樂之法制）侈則侈矣
失樂之情失樂之情其樂不樂（樂也）
故曰樂不樂者其民必怨其生必傷
（也傷病瘍也）此生乎不知樂之情而以侈為務
故也

和樂

耳之情欲聲心不樂五音在前弗聽目（本書注云欲聞音聲）
之情欲色心弗樂五色在前弗視鼻
之情欲香心弗樂芬香在前弗嗅口之情
欲味心弗樂五味在前弗味欲之者耳目

欲味心弗樂五味在前弗味欲之者耳目
鼻口也樂之者弗樂者心必和平然後
樂心樂然後耳目鼻口有以欲之故樂之
務在於和心〻在於行適適也夫樂有
適心亦有適人之情欲壽而惡夭欲安
而惡危欲榮而惡辱欲逸而惡勞四欲得
四惡除則心適矣四欲之得也在於勝〻理
〻以治身則生全矣生全則壽長矣勝〻理
〻以治國則法〻立〻矣〻法立則天下服〻

以治國則法立矣法立則天下服

理

故適心之務在於勝理凡音樂通乎政

也

而風乎俗者也　化也

俗定而樂化之矣故

有道之世觀其音而知其俗觀其俗而

知其政矣觀其政而知其主矣故先王

必託於音樂以論其教　明

故先王之制礼

也非特以觀耳目極口腹之欲也　特正也　將

以教民平好惡行理義也　平正也　行猶通

音律

黄鍾之月土事毋作慎發蓋以固天閉地

音律

黄鍾之月土事毋作慎毋發蓋以固天閉地
十一月也 大呂之月數將幾終 十二月也幾近也終盡也 歲且
更起摶而農民毋有所使 使役 大蔟之月
陽氣始至 正月 草木繁動 動生 令農發土
毋或失時 發土而耕 夾鍾之月寬裕和平行德
去刑 二月 毋或作事以害羣生 事兵戎事 姑
洗之月達通道路溝瀆修利 三月也時雨將降故修利
溝瀆 中呂之月毋聚大衆巡勸農事 四月 大衆民當務農
謂軍旅興功築宜 草木方長毋攜民心 長育穀木徭役

【第九紙】

礼記月令云養壯佼注云助長氣也

本書作詰去吉反

本書注云仲秋大雨故收聚

謂單旅興功築宜草木方長毋攜民心民當務農長育穀木擾

騷則心攜離逆上命也蕤賓之月陽氣在上安壯

養佼五月也壯盛也佼少也本朝不靜草木早槁

靜安也朝政不寧故草木裛動隨落早枯槁也林鐘之月草木盛滿陰氣

將刑六月也章欽則行戮故曰陰氣將始致也毋發大事以

將陽氣發起也將循養夷則之月脩法飭

刑選士厲兵七月也飭正也詰誅不義以懷

遠方懷來南呂之月八月趣農收聚毋敢

懈怠無射之月疾斷有罪當法勿赦

【第九紙】

懈怠無射之月疾斷有罪當法勿赦
九月也罪當斷殺勿赦應鍾之月陰陽不通閉而
為冬十月也陽伏在下陰閉於上故不通修䢖喪紀審民
所終當慎也終卒也修别喪服親疏輕重服制之紀也

制樂

周文王立國八年寢疾五日而地動東
西南北不出周郊百吏皆請曰臣聞地之動
也為人主也今王寢疾請移之文王曰
若何其移之也對曰興事動衆以增國
城其可以移之乎文王曰天之見妖以罰

城其可以移之乎文王曰天之見妖以罰有罪也我必有罪故天以此罰我也今興事動衆以增國城是重吾罪也不可重猶益也移咎於他人是益吾咎昌也請改行重善以移之其可以免乎於是謹其礼秩皮革以交諸侯飭其辭令幣帛以禮豪士

本書注云飭讀勅勅正其辭令也又云幣帛圭璧也帛玄纁也材人ノ已豪

無幾何疾乃止立國五十一年而終

宋景公之時熒惑在心公懼召子韋而問之曰熒惑在心何也子韋宋之太史子韋曰熒

【第十紙】

之曰熒惑在心何也子韋宋之太史子韋曰熒
惑者天罰也心者宋分野也禍當君雖
然可移於宰相公曰宰相所與治國家
也而移死焉不祥曰可移於民公曰民死
寡人將誰為君乎曰可移於歳公曰歳飢
民餓民必餓死為人君而殺其民以自
活其誰以我為君乎是寡人之命固盡
已乎無復言矣子韋再拜曰臣敢賀君
天之處高而耳卑君有果君有至徳之

天之處高而耳卑君有至德之
言三天必三賞君今昔熒惑必徙三
舍君延年廿一歲是昔也熒惑果徙三
舍

義兵

兵之所自來者上矣 自從也 上久也 家无怒笞則
豎子嬰兒之有過也立國見無刑罰則
百姓之相侵也立見天下無伐則諸侯之
相暴也立見故怒笞不可偃於家刑罰不
可偃於國誅伐不可偃於天下有巧有拙

【第十一紙】

可偃於國誅伐不可偃於天下有巧有拙而已矣 巧者以治 拙者以亂 故古之聖王有義兵而無偃兵夫有以食死者欲禁天下之食悖矣有以乘舟死者欲禁天下之船悖矣有以用兵喪其國者欲偃天下之兵悖矣兵之不可偃也譬之若水火然 水以療渴火以熟食不可[illegible]少也 兵以除亂亦不可偃 善用之則為福不能用之則為禍 能者養之以福不能者敗以取禍也 善用藥者亦然得良藥則治人得悪藥則殺人義兵之

【第十一紙】

良藥則活人得惡藥則殺人義兵之
為天下良藥也亦大矣義兵除天下之殘賊解百姓之倒懸故方之於良藥
故兵誠義以誅暴君而振苦民〻〻
悅之也若孝子之見慈親也若飢者
之見美食也民之號呼而走之若強
弩之射於深谿也義兵至鄰國之民歸
之若流水誅國之民望之若父母行地
滋遠得民滋衆兵不接刃而民服若化
若順

若順

論威

義也者万事之紀也君臣上下親踈之所由起也治亂安危之所在也勿求於他必反人情欲生而惡死榮而惡辱死生榮辱之道壹則三軍之士可使一心矣

愼窮

衣人以其寒食人以其飢寒人大害也救之大義也人之困窮多如飢寒故賢主必憐人之困也必哀人之窮也如此則名號顯矣國土得矣人主其胡可以無務行

【第十二紙】

驘又作騾力戈反驢父馬母所生也

矣國士得矣（得国士也）人主其胡可以無務行
德愛人乎行德愛人則民親其上民
親其上則皆樂為其君死矣趙蕳子有
兩白驘而甚愛之陽城胥渠（陽城姓胥渠名也）廣
門之官夜欵門而謁曰主君之臣胥渠
有疾（廬門邑名也宦小臣也欵叩也）毉教之曰得白
驘之肝病則止不得則死謁者通蕳子
曰夫殺畜以活人不亦仁乎於是召庖人
人殺白驘取肝以与之无幾何趙興兵而攻

人欽白羸取所以与之无幾何趙興兵而攻
翟廣門之宮左七百人右七百人皆先登
而獲甲首 獲衣甲者之首也 人主其故可以不好
士也

節喪

孝子之重其親慈親之愛其子也痛於
肌骨性也所重所愛死而弃溝壑人之情
不忍為故有葬〻之義葬者藏也慈親孝
子之所慎也慎之者以生人之心慮也
以生人之心為死者慮莫如無動若如无

【第十三紙】

以生人之心為死者慮莫如無動若如无
發無動莫如無有可利無有可利此之謂
閉人不發掘不見動掘謂之重閉葬不可不藏也浅則狐
狸掘之深則及於水泉故凡葬必於
高陵之上以避狐狸之患水泉之濕
此則善矣而忘姦邪盜賊寇亂之難豈不
惑哉厚葬人利之必有此難故謂之惑也慈親孝子備之者得
葬之情矣今世俗大亂人主愈侈非葬
之心也非為死者慮也生者以相矜也侈

之心也非為死者慮也生者以相矜也移靡者以為榮儉節者以為辱不以便死為故事而徒以生者之誹譽為務此非慈親孝子之心也父雖死孝子之重之不怠重尊也　怠解也　子雖死慈親之愛之不懈夫葬所愛重而以生者之所甚欲其以安之若之何哉厚葬必發掘故曰其以安之也若之何言不安　世之為丘壟也其高大若山其樹之若林其設闕庭為宮室若都邑以此觀世

安死

其設闕廷為宮室若都邑以此觀世
示富則可矣以此為死者則不可夫死者
其視万歳猶一瞚也人之壽久不過百中
壽不過六十以百與六十為無窮者慮
其情必不相當矣無窮為死者慮則得
之矣今有人於此為石銘置之壟上曰此
其中珠玉玩好財物寶器甚多不可不
掘々之々必大富人必相與笑之以為大惑
世々厚葬也有似於此自古及今未有不

世々厚葬也有似於此自古及今未有不亡之國者也無不亡之國是無不掘之墓也以耳目所聞見齊荆並嘗亡矣中山已亡矣趙魏韓皆失其故國矣自此以上者亡國不可勝數上猶前也是故古大墓無不掘者也而世皆争為之豈不悲哉堯葬於穀林通樹之通林以為樹也舜葬於紀市不變其肆市肆如故言不煩民禹葬於會稽不變人徒變動也言无所興造不擾民也是故先王以儉節葬

徒（變動也言无所興造不擾民也）是故先王以儉節葬
葬死也非愛其費非惡其勞以爲死
者也（爲猶便也）先王以所惡唯死者之辱也
發則必辱儉則不發故先王之葬必儉
也謂愛人者衆知愛人者寡（謂凡愛死人者）
（衆多厚葬之也知所以愛之者寡能儉葬者尠也）故宋未亡而東
冢掘（文公冢也）齊未亡而莊公冢掘（以葬
厚冢見發）國安寧而猶若此又況百世之後而
國已亡乎故孝子忠臣親父交友不可

國已亡乎故孝子忠臣親戚佼友不可
而不察也夫愛之而反害之安之而反危
之其此之謂乎

至忠

至忠逆於耳倒於心〔倒亦逆也〕非賢主其孰能
聽之〔聽受〕故賢主之所說不肖主之所誅
也〔賢主悅忠言不肖主反之〕今有樹於此而欲其美也
人時灌之則惡之〔惡其灌之者也〕而日伐其根則
必無活樹矣夫惡聞忠言自伐之精者
也〔精猶甚甚於自伐其根也〕

【第十五紙】

【第十五紙】

也（精循甚於自伐其根也）

不侵

賢主必自知士故士盡力竭智直言交爭

而不辭其患（士爲知己者死故盡力竭智何患之辭也）豫讓公

孫弘是也當是時也智伯孟嘗君

知之矣（智伯知豫讓故爲之報讎孟嘗君知公孫弘故爲之不受折於秦也）

世之人主得地百里則喜四境皆賀得

士則不喜不知相賀不通乎輕重也湯

武千乘也而士皆歸之桀紂天下也而

士皆去之孔墨布衣之士也万乘之主千

士皆去之孔墨布衣之士也万乘之主千
乘之君不能與之爭士也士不歸之而歸孔墨故曰不能與之爭士
自此觀之尊貴富大不足以來士矣
來猶致也必自知之然後可可者可至豫讓之友謂
豫讓曰子嘗事范氏中行氏諸侯盡
滅之而子不為報至於智氏而子必為
之報何故豫讓曰范氏中行氏我寒而
不我衣我飢而不我食而時使我千人共
其養是衆人畜我也夫衆人畜我者我

【第十六紙】

其養是衆人畜我也夫衆人畜我者我
者我亦衆人事之至於智氏則不然出則
乗我以車入則足我以養衆人廣朝而必
加礼於吾所是國士畜我也夫國士畜我
者我亦國士事之豫讓國士也而猶以人
於己也　於猶厚也　又況於中人乎孟嘗君為從
關東　公孫弘謂孟嘗君曰不若使人西觀
觀秦意　意者秦王帝王之主也君恐不
得為臣何暇從以難之　言不能成從以難秦　意者秦

得為臣何暇從以難之言不能成從以難秦意者秦
王不肖主也君從以難之未晚也孟嘗
君曰善願因請公往矣公孫弘見昭王
薛之地小大幾何公孫弘對曰百里昭王
笑而曰寡人之國地數千里猶未敢以有
難也今孟嘗君之地方百里而欲以難寡
人猶可乎公孫弘對曰孟嘗君好士大王
不好士也昭王曰孟嘗君之好人何如對
曰義不臣乎天子不友乎諸侯得意慙

曰義不臣乎天子不友乎諸侯得意慙
為人君不得意不肯為人臣如此者三
人能治可為管商之師（管仲 商鞅）能致其
王霸王如此者五人萬乘之嚴主辱其
使者退而自刎必以其血污其衣與如
臣者七人昭王嘆（笑）而謝焉

（有始覽）
世之聽者多有所尤多有所尤即聽必悖
矣（遁）人有亡鈇者意其鄰之子視其色言
語動作態度無為而不竊鈇（竊 盗）掘其谷

語動作態度無爲而不竊鈇梱其谷
得其鈇他日復見其鄰之子動作態
度衆似竊鈇者其鄰之子非變也己則
變之〻〻者無他有所尤也邾之故爲甲裳
以帛公息忌諸邾君曰不若以組
邾君曰將何所得組公息忌對曰上用之
則民爲之矣邾君曰善下以令〻官爲
甲必以組公息忌因令其家皆爲組人有
傷之者曰公息忌〻之所以欲用組者其家

謹聽

傷之者曰公息忌之所以欲用組者其家
多為組也傷敗邾君不悅於是乎止令以組
用以邾君有所尤也為甲以組不便公息忌
雖多為組何傷以組不便公息忌雖無
為組亦何益為組與不為組不足以累
公息忌之說累猶係也凡聽言不可不察察者
詳也不察則善不善不分善不善不分亂
莫大焉
昔禹一沐而三捉髮一食而三起以禮有

【第十八紙】

謹聽

昔禹一沐而三捉髮，一食而三起，以禮有道之士，通乎己之不足。欲以聞所不聞，知所不知故也。通乎己之不足，則不與物爭矣。情欲之物不爭。愈易乎靜以待之，使夫自以之，因然而然之，使夫自言之。亡國之主反此，自賢而少〻人〻則悅者持容而不極，聽者自多而不得。自多三王之佐，皆能以公及其私矣。俗主之佐，其欲名實也，與三王之佐同，其名無辱者，其實無不危者，無功故也。皆患

齊本

辱者其實無不危者無功故也皆患
其身之不貴於國也而不患其主之不
貴於天下也皆患其家不富也而不患其
国之不大也此所以欲榮愈辱欲安而逾
危故榮富非自至緣功伐也今功伐甚薄
而所望厚誣也無功伐而求榮富
詐詐誣之道君子不由

孝行覽

凡為天下治國家必務其本也本莫貴
於孝人主孝則名章榮天下譽人臣

於孝人主孝則名章榮天下譽樂人臣
孝則事君忠處官廉臨難死民孝則
耕耘疾守戰固不罷北夫執一術而百
善至百邪去天下從者其唯孝乎故
論人必以所親而後及所疏必以所重而後
及所輕曾子曰先王之所以治天下者五貴
貴德老敬長慈幼此五者先王之所
以定天下也所為貴德為其近於聖也
所為貴老為其近於親也所為敬長為

所為貴老為其近於親也所為敬長為
其近於兄也所為慈幼為其近於弟也
昔晉文公将與楚人戰於城濮召咎犯
而問曰楚衆我寡奈何而可咎犯對曰
臣聞繁禮之君不足於文繁戰之君不
足以詐足猶厭也君亦詐之而已文公以咎犯
言告雍季雍季曰竭澤而漁豈不獲
得而明年無魚焚藪而田豈不獲得而
明年無獸言盡其類詐偽之道雖今偷可得後

明年无獸言盡其類詐僞之爲道雖今偸可得後
將无復不可復行非長術也文公用咎犯之
言而敗楚人於城濮反而爲賞雍季
在上左右諫曰城濮之功咎犯之謀也君
用其言而後其身或者不可乎公曰雍
季之言百世之利也咎犯之言一時之務也
務猶事也焉有以一時之務先百世之利者乎
孔子聞之曰臨難用詐足以却敵返而尊
賢足以報德文公雖不終始足以霸矣

【第二十紙】

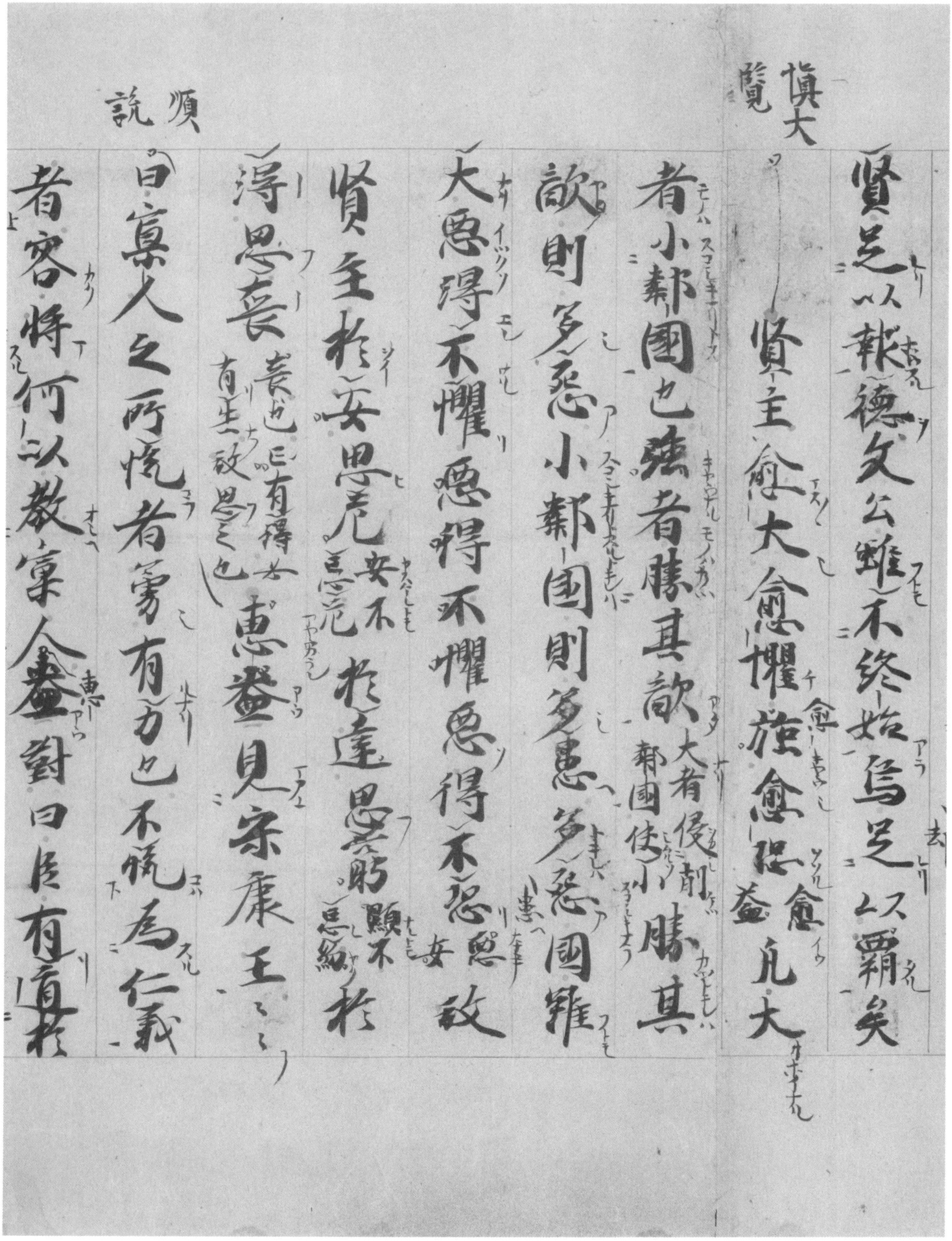

賢足以萊德文公雖不終始猶足以霸矣
慎大覽
賢主愈大愈懼愈彊愈恐凡大
者小鄰國也強者勝其敵　大者侵削鄰國使小　勝其
敵則多怨小鄰國則多患多患多怨國雖
大惡得不懼惡得不懼惡得不恐故
賢主於安思危　安不忘危　於達思窮　顯不忘窮　於
得思喪　喪亡也有得者有失故思之也　惠盎見宋康王康王
順說
曰寡人之所說者勇有力也不說為仁義
者客將何以教寡人惠盎對曰臣有道於

者客將何以教寡人惠盎對曰臣有道於
此有道於此使人雖勇刺之不入雖有勇有力也
力擊之弗中夫刺之不入擊之不中此
猶辱也臣有道於此使人雖有勇弗敢
刺雖有力弗敢擊夫弗敢非無其意
也臣有道於此使人本无其意本无有擊刺之意也
夫无其意未有愛利之心也臣有道於
此使天下丈夫女子莫不驩然皆欲愛
利之此其賢於勇有力也言以仁義之徒俱皆欲

【第二十一紙】

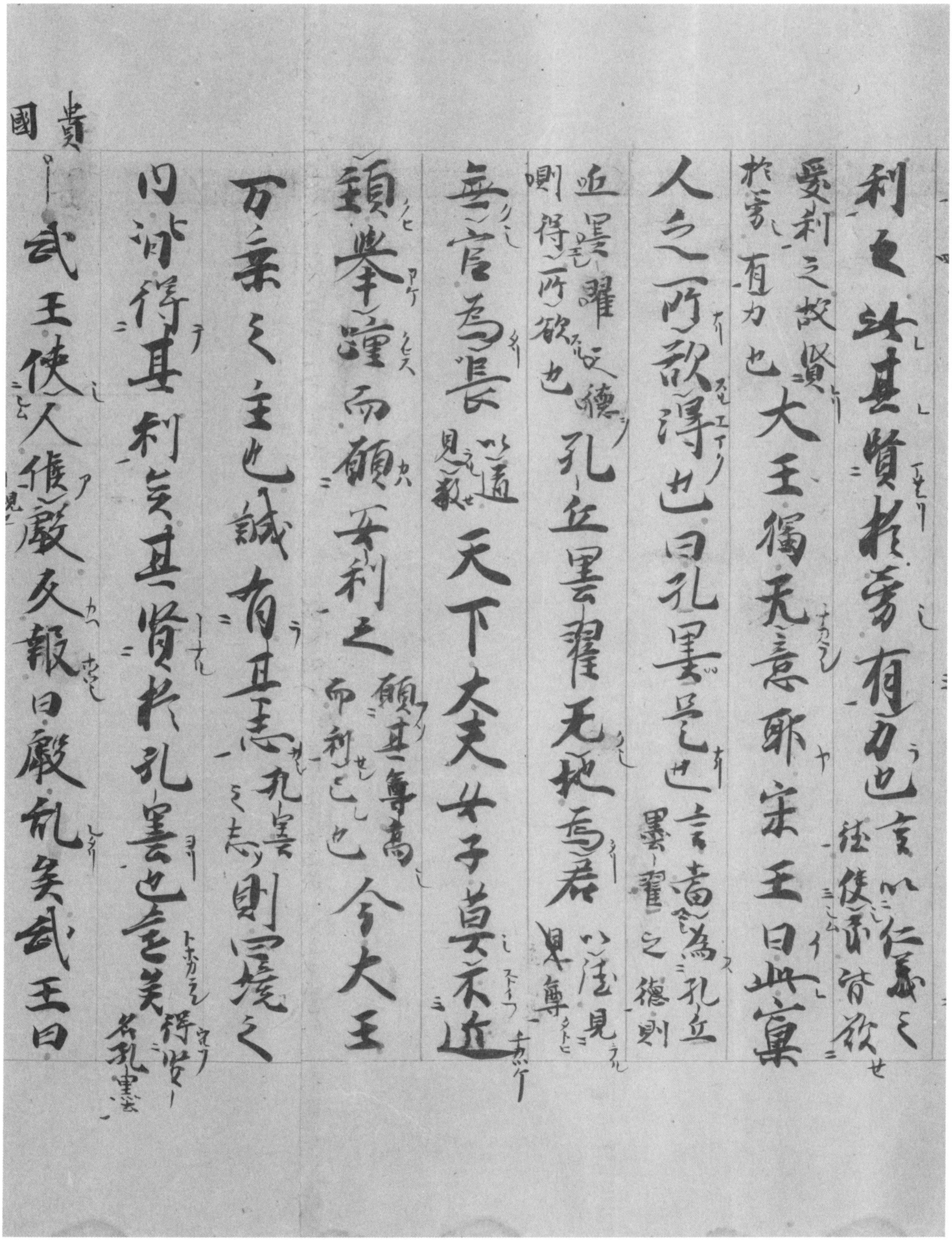

利也此其賢於勇有力也（言以仁義之法使民皆欲愛利之故賢於勇有力也）大王獨無意耶宋王曰此寡人之所欲得也曰孔墨是也（言當為孔丘墨翟之德則得所欲也）孔丘墨翟無地為君（以德見尊）無官為長（以道見教）天下丈夫女子莫不延頸舉踵而願安利之（願其尊高而利之也）今大王万乘之主也誠有其志（孔墨之志）則四境之内皆得其利矣其賢於孔墨也遠矣

貴因

武王使人候殷反報曰殷亂矣武王曰

貴國

武王使人候殷反報曰殷乱矣武王曰
其乱焉至對曰讒慝勝忠良武王曰尚未也
又往反報曰賢者出走矣武王曰尚未也又往
反報曰其乱甚矣百姓不敢誹怨矣武
王遽告太公太公曰其乱至矣不可以
駕矣（駕加也）凡國之亡也有道者先去

先識覽

古今一也（君子見幾而作不待終日故曰先去也）天下雖有ゝ
道之士國猶少千里而有一士比肩也
累世而有聖人繼踵也士與聖人之所

異世而有聖人継踵也士與聖人之所
自来若此其難也而治必待之治奚
由至乎雖幸而有未必知也不知則與
無同（不知其賢而不用之故不得賢則無賢同）此治世之所以短
而亂世之所以長（短少也長多也）故亡國相望（言衆
也）賢主知其若此也故日慎一日以終
其世譬之若登山登山者處已高矣左右視尚
巍巍焉山在其上矣聖（賢或本）者之所與處有
似於此身已賢矣行已高矣左右視尚盡

【第二十二紙】

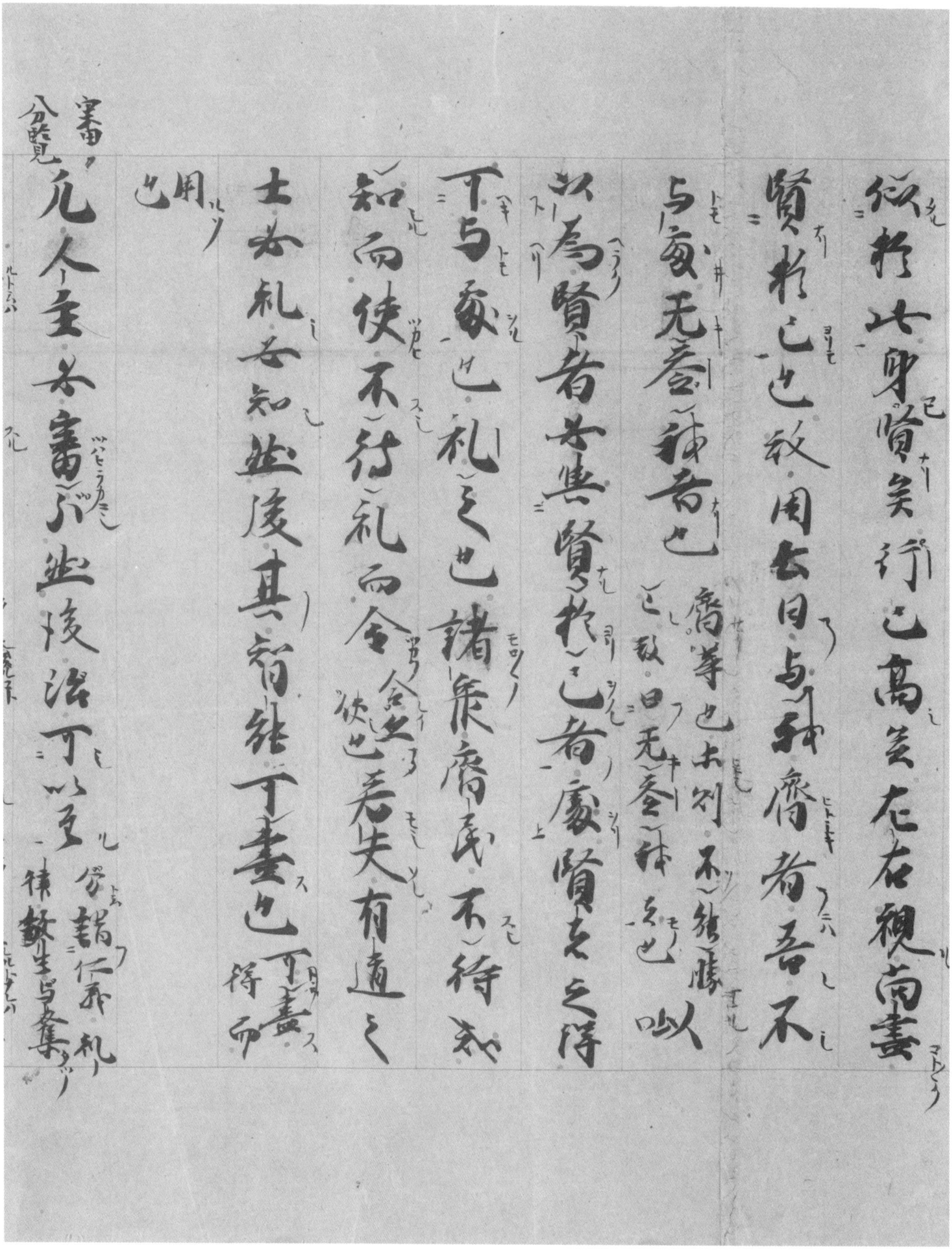
猶於此身賢矣行己高矣左右視而盡
賢於己也故周公旦曰與我齊者吾不
與處無益我者也　齊等也未到不能勝人之故曰無益我者之也　唯
以為賢者必與賢於己者處賢者之得
可與處也禮之也諸侯齊民不待禮
知而使不待禮而令若夫有道之
士必禮必知然後其智能可盡也　可盡得而
用也
審分覽　凡人主必審分然後治可以至　分謂仁義禮律數生與集之

審分覽

384 凡人主必審分，然後治可以至（分謂仁義禮律殺生與奪）

385 （之分定，所以治也）凡為善難，任善易。奚以知之？今

386 與驥俱走，則人不勝驥矣；居於車上而任驥，

387 則驥不勝人矣。人主好治人官之事（好為臣之官事），則是與驥俱走

388 也，必多所不及矣（言力不勝也）。夫人主亦有車，

389 無去其車，則眾善皆盡力竭能矣。人

390 主之車，所以乘物也。不知乘物，而自怙恃，

391 奪其智能，多其教詔，而好自以（詔之教　以用）

392 則百官恫擾，少長相越，萬邪並起，權

【第二十三紙】

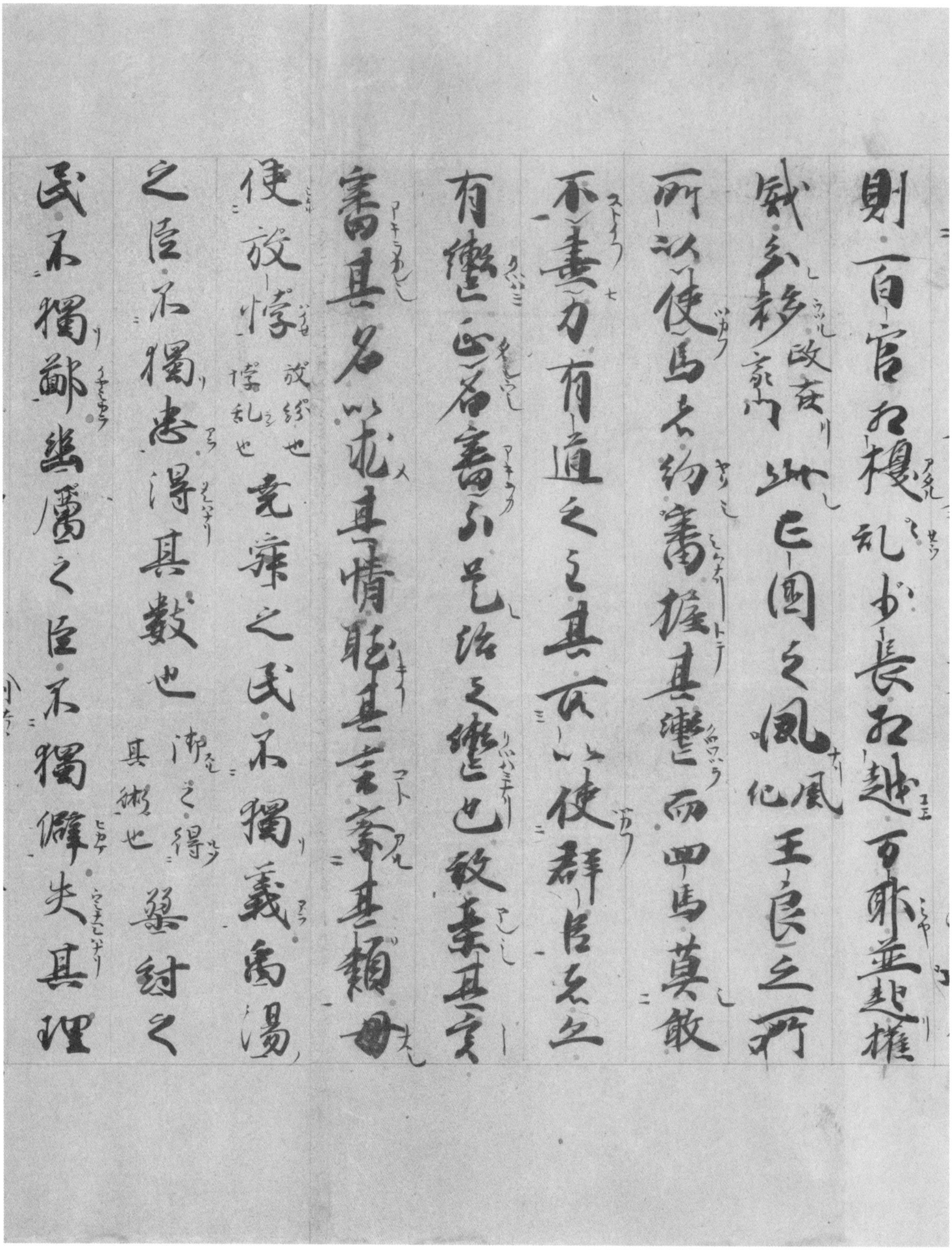

則百官而擾亂，少長而越，百邪並起，權威多移（政在家門）。此亡國之風（風化）。王良之所以使馬者約，審控其轡，而四馬莫敢不盡力。有道之主，其所以使群臣者亦有轡，正名審分，是治之轡也。故案其實，審其名，以求其情；聽其言，察其類，無使放悖（放，縱也。悖，亂也）。堯舜之民不獨義，禹湯之臣不獨忠，得其數也（術之得其術也）。桀紂之民不獨鄙，幽厲之臣不獨僻，失其理

【第二十四紙】

臣不獨鄙幽厲之臣不獨僻失其理
也今有人於此求牛得名馬求馬則名
牛所求必不得矣失其名故不得而因用威怒有司
必誹怨矣牛馬必擾亂矣百官衆有司
也萬物群牛馬也不正其名不分其職
而數用刑罰亂莫大焉天無形而万
物以成又無所制作物形而物自成也大聖無事而千官
盡能官得其人任之其職故盡能也此之謂不教之教无言
之詔故有以知君之狂以其言之當君

之詔故有以知君之狂以其言之當君狂
言臣下不敢諫止而喜從言自以有以知君之
其言為當也以知其言之當
惑以其言之得能言而得以知其惑也君也者以無當
當為當以無得為得者也當得不在於
君而在臣材臣今之為車者數官然後
成輪輿轅軛各自有材夫國豈特為車哉故曰數官然後成也
智衆能之所持也不可以一物一方安也
方道思慮自傷也精神也思慮勞智差自亡也
也用智遍者極其
情欲以自消大奮能自決也奮亂無陰

【第二十五紙】

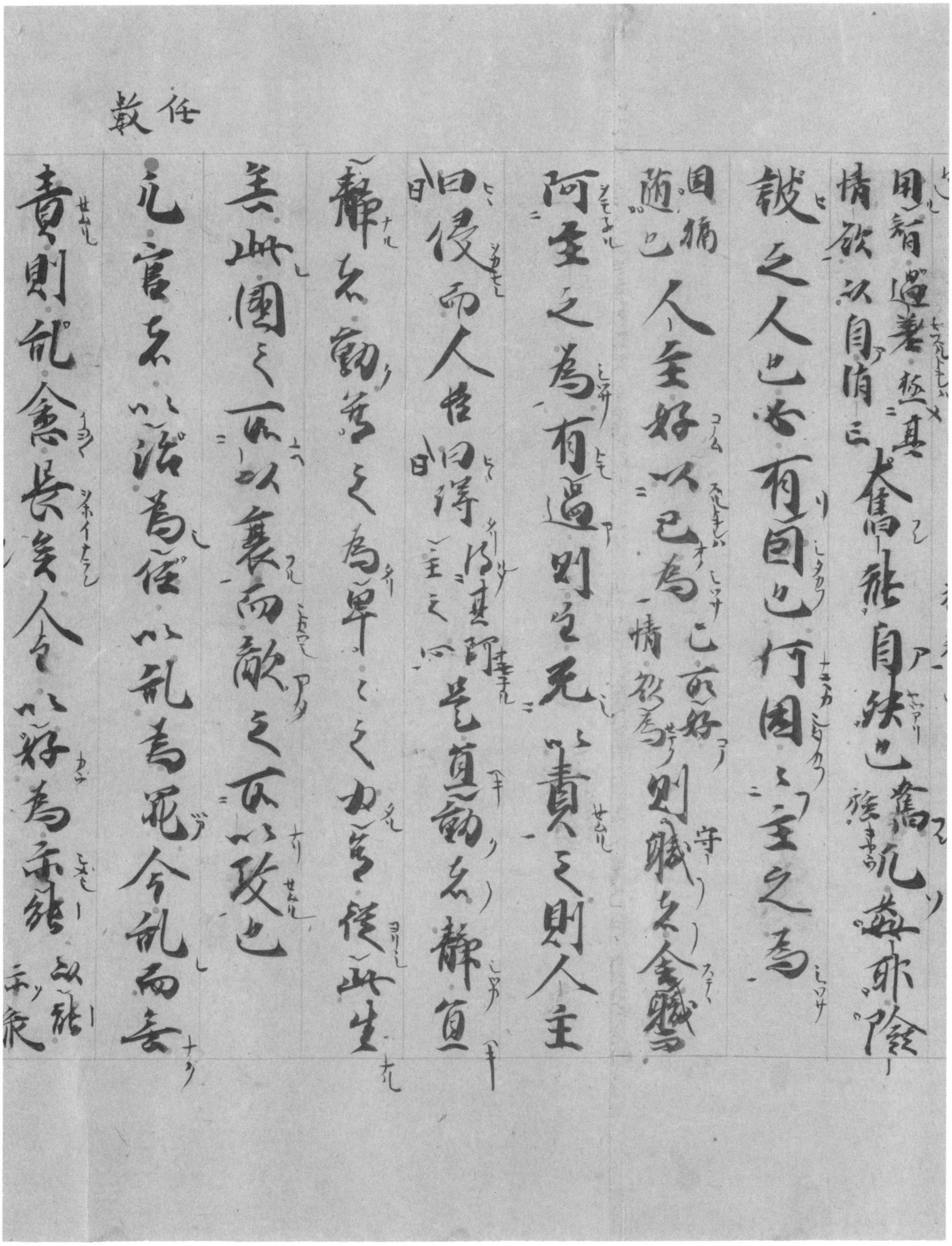

416 用智遍者極其情欲以自備也奮能自殃也凡姦邪險
417 陂之人也必有因也何因哉因主之為
418 因循隨也人主好以己為己所好情欲為則守職者舍職
419 阿主之為有過則主無以責之則人主
420 日侵而人臣日得是宜動者靜宜
421 靜者動也尊之為卑卑之為尊從此生
422 矣此國之所以衰而敵之所以攻也

任數

423 凡官者以治為任以亂為罪今亂而無
424 責則亂愈長矣人主以好為示能以能矜衆

責則乱愈長矣人令以狩為能 以能矜衆
以狩唱自奮 大奮 人臣以不爭持位以聽
從取容是君代有司為有司也 大臣 進君
進思盡忠退思補過此以從取容無有 正君者君豈自正可以為代有司為有司
是臣得後隨以進其業也 後隨之度也 其業不爭取
容之業也 君臣不定 君不君臣不 臣不臣故不定也 人主自智而
勿躬
愚人自以為智而矜人者則愚矜之情矣
君自謂智而毀巧 愚拙之情也 巧智之語笑語多則情
之愈多矣情之愈多且甚不情也 生

【第二十六紙】

者愈多矣請者愈多且無不請也主雖巧智未無不知也（未能盡無所不知也）以未無不知應無不請其道固窮窮而不知其窮其窮塞又將反以自多是之謂重塞之主無存國矣故有道之主因而不為（因循法舊不改為也）責而不詔（責任成功不妄有言教詔）不伐之言不奪之事督名審實官使自司以不知為道以奈何為實（以不知為道之尚因循長養不違度自強之壯故以不可奈何為寶也）絶江者託

440 知為道之而同於長春不逢處 自然之壯故以不肯奈何為之也 絶江者託
441 於船致遠者託於驥霸王者託於賢
442 伊尹呂尚管夷吾百里奚此霸王之
443 船驥也釋父兄與子弟非疏之也任庖
444 人釣者與仇人僕虜非阿之也用持
445 社稷立功名之道不得不然也庖人則伊
446 尹也釣者則呂尚也仇人則管夷吾也僕虜則百里 奚也非阿之也用其以持社稷立功名之
447 以此道也故曰不得不然
448 離俗覽 三代之道元一以信為管 管準法也 宋人有

雜俗覽

三代之道无二以信為管管准法也宋人有
取道者其馬不進剄投之溪
又復取其馬不進又剄而投之溪水如
此者三雖造父之所以威馬不過此矣
不得造父之道而徒得其威无益於御
人主之不肖者有似於此不得其道而
徒多其威威愈多民愈不用不用不為也亡國
之主多以多威使其民矣故威不可無有
而不足專恃譬之若鹽之於味凡鹽

【第二十七紙】

456 而不足專恃譬之若鹽之於味凡鹽

457 之用有所託也不適則敗託而不

458 可食威亦然矣惡乎託託於愛利（愛則利民）

459 愛則利民愛利之心息而徒疾行威身必咎矣

適威

460 安古之君民者仁義以治之愛利以安之

461 忠信以導之務除其災致其福故民

462 之於上也若璽之於塗也五帝三王之

463 所以無敵也

464 東野稷以御見莊公以為造父不

東野稷以御見莊〻公〻以爲造父不過也顏闔曰其馬將敗少頃東野稷之馬敗而至莊公召顏闔而問之曰子何以知其敗也對曰夫進退中繩左右旋中規造父之御無以過焉猶求其馬臣是以知其敗也故亂國之使其民不論人之性不反之情煩爲教而過不識過責也識知也重爲任而罰不勝不能勝其所任者罰民進則欲其賞却則畏其罪知其能力之不足

【第二十八紙】

欲其賞知則畏其罪知其能力之不足也則以偽繼矣知則上人從而罪之（罪其偽也）是以罪召罪也（召致）故禮煩則不莊業衆則無功令苛則不聽禁多則不行桀紂之禁不可勝數故民不用而身為戮

侍君覽

凡使賢不肖異使不肖以賞罰（不肖者書曰惡）使賢以義（死則可使賢也）唯義所在（死生一也）故賢主之使其下也必以義必審賞罰然後賢不肖盡為用也

達鬱

凡人筋骨欲其固也心志

達鬱

480 盡為用也凡人筋骨欲其固也心志

481 欲其和也精氣欲其行也若此則病無

482 所居而惡無由生矣病之留惡之

483 生精氣鬱也故水鬱則為污 水停不留曰污

484 樹鬱則為蠹 蠹蝎 草鬱則為蕢 蕢穢 國亦

485 有鬱主德不通民欲不達此之鬱也 國

486 之處久則百惡並起而万災叢至矣 叢聚

487 故聖人之貴豪士與忠臣也為其敢直

488 言而決鬱塞也　趙簡子曰厥也愛我

言而吏樹嫉塞也　趙簡子曰厥也愛我
鐸也不愛我也　厥簡子家臣也鐸尹鐸亦家臣　厥之諫我
也必於無人之所鐸之諫我也喜質我
於人中必使我醜尹鐸對曰厥也愛君
之醜借愛而不愛君之過也鐸也愛君之過而不愛
君之醜也不質君於人中恐君之不變也

行論

改此簡子之賢也人主賢則人臣之言刻盡
人主執民之命執民之命重任也不得
以快志亡國之主必驕必自智必輕物　自謂有過

【第二十九紙】

以快志亡國之主必驕必自智必輕物（自謂有過
人智故輕物之人也）驕則簡士（簡賤）自智則專獨（不咨善）輕
物則無備（傳曰無備而官雖猶招害）無備召禍專獨位危
簡士壅塞（士不盡規諫壅塞無聞知）欲無壅塞必禮士
欲位無危必得衆欲無召禍必自備三者
君人之大經（經道）

驕恣

趙簡子沈鸞徼於河曰吾嘗好聲色
矣而鸞徼致之吾嘗好宮室
臺榭矣而鸞徼爲之吾嘗好

【第三十紙】

臺榭美而欒徼爲之吾嘗好
良馬善御美而欒徼來之今吾好士六
年美而欒徼未嘗進一人豈長吾過而
絀吾善也（所得者皆過也所不進乃善故曰長吾過而絀吾善）噉喏
故若蕳子能以理督責於其臣美以理
督責於其臣則人主可與爲善而不可
與爲非與爲直而不可與枉此三代
之盛教也

開春論

吳起行魏武侯自送之曰先生將何以治

聞春論

吳起行魏武侯自送之曰先生將何以治西河對曰以忠以信以勇以敢武侯曰安忠曰忠君安信曰信民安勇曰勇去不肖安敢曰敢用賢武侯曰四者足矣

矣

慎行論

使人大迷惑者必物之相似也玉人之所患患石之似玉者賢主之所患患人之博聞辯言而似通者亡國之主似智亡國之臣似忠相似之物此愚者之所大

【第三十一紙】

智亡國之臣似忠似之物此愚者之所大
惑而聖人之所加慮也愚則知之

貴直論

賢主所貴莫如士所以貴士貴直言也言
直則枉者見矣人主之患欲聞枉而惡
直言是鄣其原而欲其水也水奚自
至因從是賤其所欲而貴其所惡也所欲
奚自來所欲之聞也枉所惡之聞也直言也直言何從來至也能意見齊
宣王ゝゝ曰寡人聞子好直有之乎
也意名也對曰意惡能直意聞好直之士家

【第三十二紙】

〔也意 名也〕對曰意惡能直意聞好直之士家
不處亂國身不見污君今身得見王而
家宅乎齊意惡能直〔宅居也 惡安也〕若能意
者使謹乎論主之側亦必不阿主〔阿曲〕
阿主之所得豈少哉此賢主之所求
而不肖主之所惡也

直諫

荊文王得茹黃之狗宛路之矰〔矰 杉〕
〔射繳 矢也〕以田於雲夢〔田獵也 雲夢楚澤也〕三月
不反得丹之姬淫朞年不聽朝〔淫惑〕保

【第三十二紙】

不反得丹之姬淫暮年不聽朝　惑　保
申曰先王卜以臣為保吉　保大保官中名　今王之
罪當笞王曰願請變更而无笞保申
曰先王之令不敢廢也王不受笞是廢
先王之令也臣寧抵罪於王毋抵罪
於先王王曰諾引席王伏保申束細
箭五十跪而加之于背如此者再謂王

【第三十三紙】

起矣王曰有笞之名一也遂致之　遂痛致之
保申曰臣聞君子恥之小人痛之恥之

葆申曰臣聞君子恥之小人痛之恥之
不變痛之何益葆申趣出請死文王
曰此不穀之過也葆申何罪王乃
召葆申殺茹黄之狗析宛路之矰放
丹之姬務治荊國兼國卅九令荊國廣大
至於此者葆申之力也極言之功也

壅塞

齊宣王好射説人之謂己能用強也
其嘗所用不過三石以示左右左右皆試引
之中関而止関〻弓強〻至半而止皆曰此不下九石非

之中開而止（開弓張至半而止）皆曰此不下九石非王其孰能用是宣王終身自以為用九石豈不悲哉（傷其自誣而不知其）非直士其孰不阿主故亂國之主患在乎用三石為九石（力不足而自以為有餘也其功）（御其治理皆亦如之）

不苟論

欲知平直則必準繩欲知方圓則必規矩人主欲自知則必直士（直士能正言）故天子立輔弼設師保所以舉過也（舉猶正也）務在自知堯有欲諫之鼓舜有誹謗之木湯有

【第三十四紙】

堯有欲諫之鼓舜有誹謗之木湯有
司過之士武有戒慎之鞀欲戒者搖其鞀鼓也
猶恐不能自知今賢非堯舜湯武
也而有掩蔽之道奚由自知哉荊
成齊莊不自知而殺吳王智伯不
自知而亡故敗莫大於不自知范氏
之亡也范氏晉卿百姓有得其鐘者欲
負而走則鐘大不可負以椎毀之鐘
況然有音恐人聞之而奪己也遽掩

恐其有善人之聞之而舉之也遂揜
其所惡人之聞之也惡之之自聞之學
矣為人臣而惡聞其過亦由此自揜其耳類也

貴當

荊有善相人者所言无遺策遺莊王見而
問焉對曰臣非能相人也能觀人之友也布衣也
其友皆孝悌純謹畏令如此者其家必日益
身必日安此所謂吉人也事君者也其友
皆誠信有行好善如此者事君日益官職日
進此所謂吉臣也人主之朝臣多賢左右

【第三十五紙】

進此所謂吾臣也人主也朝臣多賢左右
多忠主有失皆敢交爭正諫如此則國
日安主日尊天下日服此所謂吾臣也非能
相人也能觀人之友也莊王善之於是疾
收士日夜不懈遂霸天下

似順論

先王用非其有如己有之通乎君道之
為宮室必任巧匠奚故曰匠不巧則宮室
不善也夫國重物也其不善也豈特宮室
哉巧匠為宮室為圓必以規為方必

【第三十六紙】

室哉特猶直也巧匠爲宮室爲圓必以規爲方必
以矩爲平直必以準繩功已就不知規矩準
繩而賞巧匠宮室已成不知巧匠
而皆曰此某君某王之宮室也人之言不
道至道者則不然自爲之則不能任賢者則
惡之勞不肖者議之此功名之所以傷國家之
所亂也湯武一日而盡有夏商之民盡有夏
商之財以其民安而天下莫敢亂之以其地封而天
下莫不說以其財賞而天下皆競勸進乎用兆其

下莫不悦以其財賞而天下皆競勸道乎用非其
有也衛靈公天寒鑿池宛春諫曰天寒起役恐傷民
公曰天寒乎哉宛春曰公衣狐裘坐熊
席是以不寒今民衣弊不補履決不組
君則不寒民則寒矣公曰善令罷役左
右以諫曰公鑿池不知天之寒也而春也知之
以春之知而令之福將爲於春也而怨將爲於君
公曰不然夫春也魯國之匹夫也而我舉之
夫民未有見焉今將令人以此

【第三十七紙】

舉夫民未有見焉未見其德今將令人以此
用見之且春也有善而寡人有春之善
非乃寡人之善歟金世之論完春也
可謂道君

群書治要卷第卅九

蓮華王院寶藏御本奥書云
長寛二年清凉八月伏奉　綸命

長寛二年清原八月依奉　綸命
謹以點進畢多書奥之疑猶相同
異之哂矣
河内守従五位上臣藤原朝臣敦周
寛元々年仲冬之候為進覧奉　命
勘文奏華之次并書也遣華日院
密[illegible]藏御本校合之又寫點了
直講清原奉

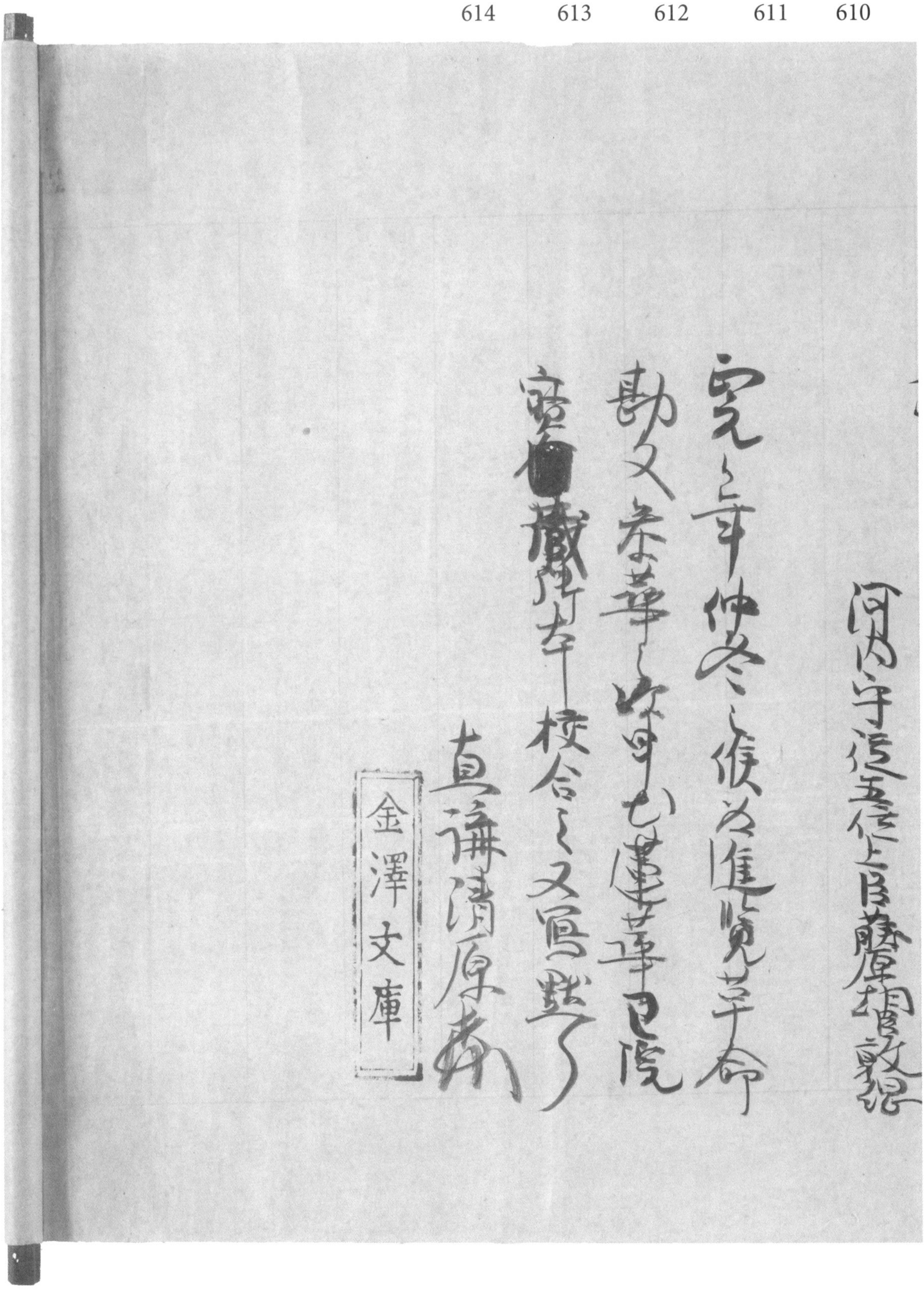
河内守従五位上行藤原朝臣敦綱
寛元々年仲冬之候依進覧革命
勘文奉華之次申出蓮華王院
宝蔵御本校合之又写點了
直講清原教隆

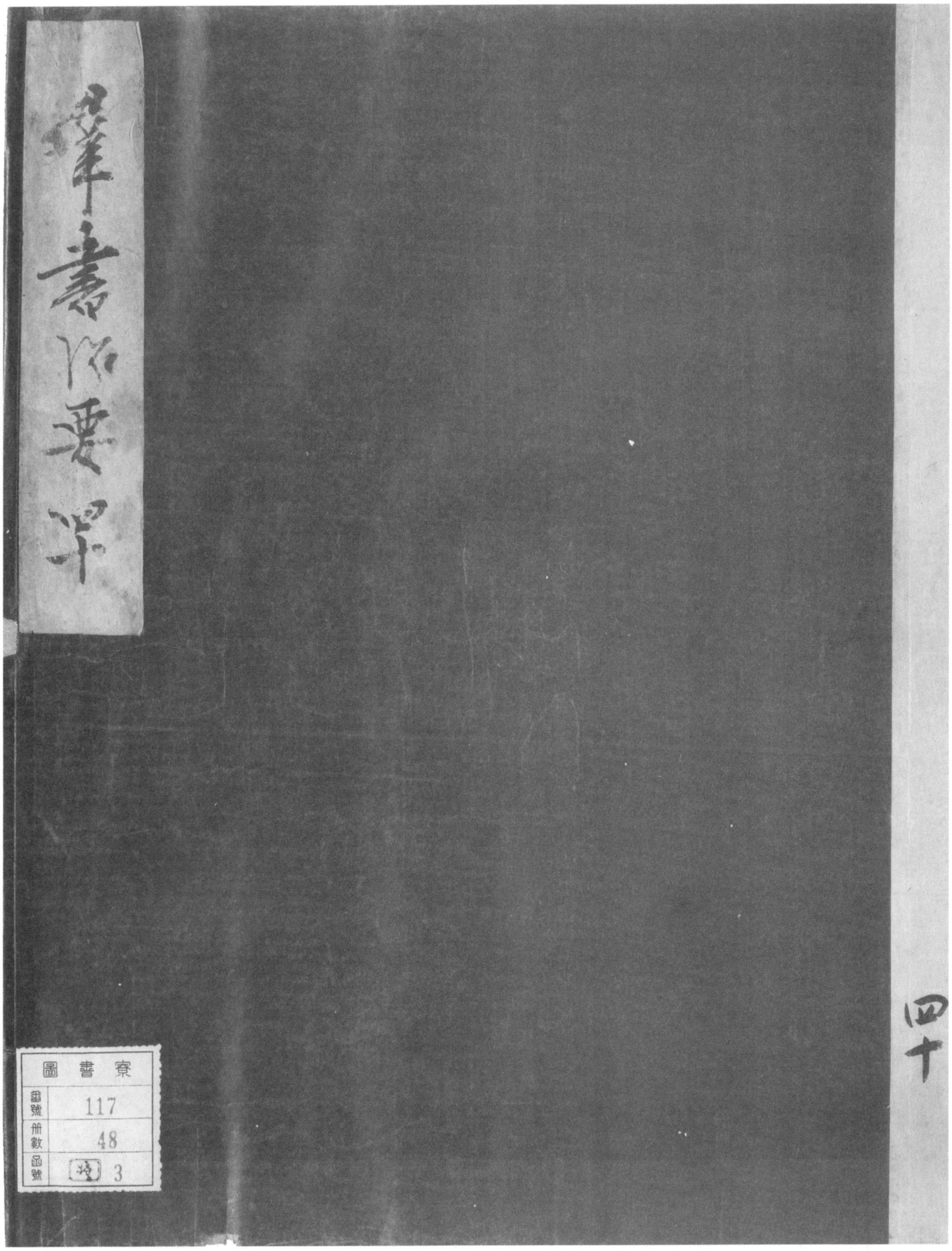
群書治要
四十
圖書寮
圖號 117
冊數 48
函號 3

群書治要巻第四十　秘書監鉅鹿男臣魏徵等奉　勅撰

韓子　三略　新語

賈子

韓子　韓非

十過

十過一曰行小忠則大忠之賊也二曰顧小

利則大利之殘也三曰行僻自用無禮諸侯

則亡身之至也四曰不務聽治而好五音則窮身

愎 玉篇云補逼切很也 佷釋云戾也 訟諍也

則亡身之至也四曰不務聽治而好五音則窮身之事也五曰貪愎喜利則滅國殺身之本也六曰躭於女樂不顧國政則亡國之禍也七曰離内遠遊忽於諫士危身之道也八曰過不聽於忠臣而獨行其意則滅高名為人笑之始也九曰内不量力外恃諸侯則削國之患也十曰國小无禮不用諫臣則絶世之勢也

說難

昔者彌子瑕有寵於衛々國之法竊駕君車

【第二紙】

昔者彌子瑕有寵於衛〻國之法竊駕君車
者罪刖彌子母病人有夜告彌子〻矯駕
君車以歸君曰孝哉爲母故犯刖罪異日與
君遊於菓園食桃而甘不盡其半以啖君〻
曰愛我哉忘其口而啖寡人及彌子色衰愛
弛得罪於君〻曰是故嘗矯駕吾車又啖
我以餘桃彌子之行未移於初也而前所以
見賢後獲罪者人主愛憎之變也有愛於主則
智當而加親有憎於主則智不當而加疏

本書云
厚者為戮薄者見疑則非知之難也處知者則難也故繞朝之
言當矣其為聖人於晉而為戮於秦此不可不察也昔者彌子瑕
有寵於衛君衛國之法竊駕君車者罪刖彌子瑕母病人聞夜

【第二紙】

往告彌ゝ子ゝ矯駕君車以出於門君聞而賢之曰孝哉為母之故
犯刖罪異日與君游於菓園食桃而甘不盡以其半君ゝ曰愛我
我忘其口及彌子色衰愛弛得罪於君ゝ曰是故嘗矯駕吾車
又嘗啗我以其餘桃故彌子之行未變於初也而以前之所以見賢
而後ゝ獲ゝ罪ゝ者愛憎之至變也故有愛於主則智當而加親有
憎於主則智不當而見罪而加疏故諫說談論之士不可不察愛
憎之主而後說焉夫龍之為蟲也擾而狎可騎也然其喉下有
逆鱗徑尺若人有嬰之者則必殺人ゝ主亦有逆鱗說者能毋

【第一紙】

嬰人主之逆鱗則幾矣

智當而加親有憎於主則智不當而加疏
解老
工人數變業則失其功作者數搖徙則亡其功
功一人之作日亡半日十日則亡五人之功萬人
之作日亡半日十日則亡五萬人之功然則其民
彌衆其虧彌大矣凡法令更則利害易利害
易則民務變民務變業故以理觀之事大
衆而數搖之則少成功藏大器而數徙之則多
敗傷亨小鮮而數撓之則賊其宰治大國

【第三紙】

敗傷亨小鮮而數撓之則賊其宰治大國
而數變法則民苦之是以有道之君貴
虛靜而重變法故曰治大國者若烹小鮮
說林上
樂羊為魏將攻中山其子在中山中山之
君烹其子而遺之樂羊盡一杯文侯謂堵
師贊曰樂羊以我故食其子之肉荅曰其子
而食之且誰不食樂羊罷中山文侯賞其
功而疑其心孟孫獵得麑使秦西持之以

【第四紙】

功而疑其心孟孫獵得麑使秦西持之以
歸其母隨而啼秦西以不忍而与之孟孫
大怒逐居三月復召為其子傅其御曰曩
将罪之今使傅子何也孟孫曰夫不忍
麑又且忍吾子乎故曰巧詐不如拙誠
樂羊以有功見疑秦西以有罪益信

觀行

古之人目短於自見故以鏡觀面智短於自
知故以道正己目失鏡則無以正鬚眉身失

【第五紙】

知故以道正己目失鏡則無以正鬚眉身失
道則無以知迷惑西門豹之性急故佩韋以
緩己董閼于之心緩故佩弦以自急故以有
餘補不足以長續短之謂明主天下有信數
三一曰智有所不能立二曰力有所不能
舉三曰彊有所不能勝故雖有堯之智而無
衆人之助大功不立有烏獲之勁而不得人
助不能自舉有賁育之彊而無術法不得
長生故勢有不可得事有不可成故烏獲

長生故勢有不可得事有不可成故烏獲
輕千鈞而重其身非身而重於千鈞也
也勢不便也離婁易百步而難眉睫非百
步近而眉睫遠也道不可也故明主不
窮烏獲以其不能自舉不用離婁以其
不能自見因可勢求易道故用力寡而
功名立
用人
釋法術而心治堯不能正一國去規矩而妄

釋 玉篇曰 捨也解也散也消也廢也服也

釋法術而心治堯不能正一國去規矩而妄
意度奚仲不能成一輪使中主守法術拙匠
執規矩尺寸則萬不失也君人者能去賢巧之
所不能而守中拙之所萬不失則人力盡
盡而功名立

功名

明君之所以立功成名者四一曰天時二曰人
心三曰伎能四曰勢位時雖十堯不能冬
生一穗逆心雖賁育不能盡人力故得天時

【第七紙】

生一穗逆心雖賁育不能盡人力故得天時
則不務而自生得人心則不趣而自勸因技
能則不急而自疾得勢位則不進而成名
若水之流若船之浮守自然之道行無窮之
令故曰明主

大體

古之人大體者聖天地觀江海因山谷日月
照四時行雲布風動不以智累心不以心累
己寄治亂於法術託是非於賞罰屬輕重

【第七紙】

已寄治亂於法術託是非於賞罰屬輕重
於權衡不逆天理不傷情性不吹毛而求
小疵不洗垢而察難知守成理因自然
榮辱之責在乎已而不在乎人上不天則
下不遍覆心不地則物不畢載大山不立好
惡故能成其高江海不擇小助故能成其富
故大人寄形於天地而萬物備稽心於山海而
國家富上無忿怒之志下無伏怨之患故長
利積大功立名成於前德垂於後治之至也

利積大功立名成於前德垂於後治之至也

外儲說左上

文公反國至河令籩豆捐之席蓐捐之手足胼
胝面目黧黑者後之咎犯聞之而夜哭文公
曰咎氏不欲寡人之反國耶對曰籩豆所以食
也而君捐之席蓐所以臥也而君弃之手足
胼胝面目黧黑勞有功者也而君後之今
臣與在後中不勝其哀故哭也且臣為君
行詐偽以反國者衆矣臣尚自惡也而況於

【第八紙】

行詐僞以反國者衆矣臣尚自惡也而況於君乎弃辞而辭文公止之乃解左驂而盟於河文侯與虞人期獵明日會疾風左右止文侯不聽曰可以疾風之故而失信吾不為也遂自驅車往犯風而罷虞人

曾子妻之市其子隨而泣其母曰汝還顧反為汝殺彘妻適市來曾子欲捕彘殺之其妻止之曰特與嬰兒戲也曾子曰嬰兒者非有知也待父母而學之者也今子欺之

者非有知也待父母而學之者也今子欺之
是教子欺也母欺子子而不信其母非所以
成教也遂殺彘
外儲說下
文王伐崇至鳳黃虛而韈繫解左右顧無
可令結係文王自結之太公曰君何爲自結
係文王曰吾聞上君之所與處者盡其師也
中君之所與處者盡其友也下君之所與
處者盡其所也今寡人雖不肖所與處者

【第九紙】

處者盡其所也令宜人雖不肖所與處者
皆先君之人也故無令結之者也
解狐與邢伯柳為怨趙簡主問於解狐曰
孰可為上黨守對曰邢伯柳可簡主非子
之讎乎對曰臣聞忠臣之舉賢也不避仇讎
其廢不肖也不阿親近簡主曰善遂以為守
邢伯柳聞之乃見解狐謝解狐曰舉子公也
怨子私也往矣怨子如異日夫良馬固車使臧
獲御之則為人笑王良御之而日取千里車

【第九紙】　120

【第八紙】　119

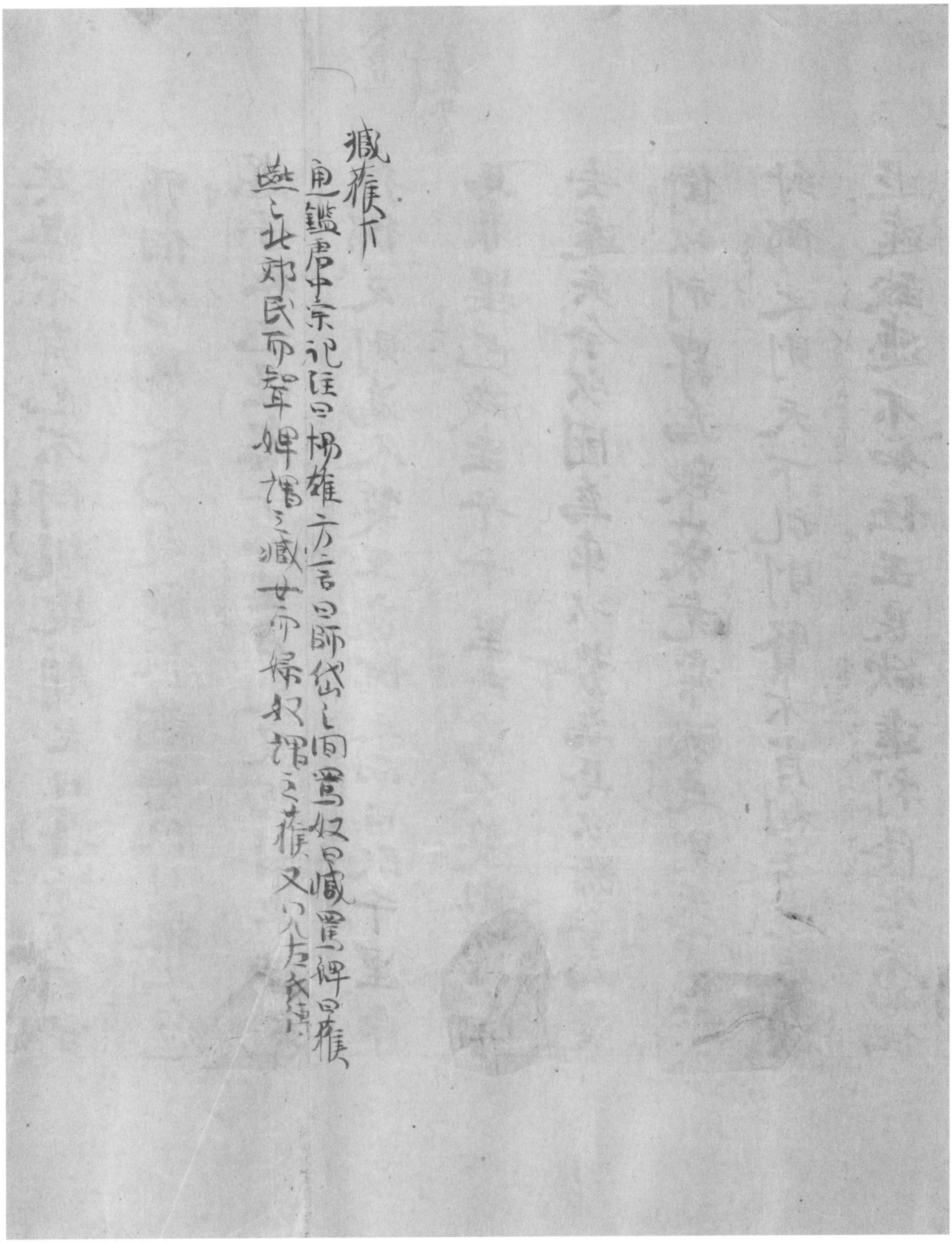
臧獲下
通鑑唐中宗紀注曰揚雄方言曰海岱之間罵奴曰臧罵婢曰獲
燕之北郊民而聟婢謂之臧女而婦奴謂之獲又見左氏傳

夫良馬

已下本書在難勢篇

轡御之則爲人笑王良御之而日取千里車
馬非異也或至千里或爲人笑則巧拙相
去遠矣今以國爲車以勢爲馬以號令爲轡
銜以刑罰爲鞭策堯舜御之則天下治桀
紂御之則天下亂則賢不肖相去遠矣夫欲
追速致遠不知任王良欲進利除害不知任
賢能此則不知類之患也夫堯舜亦民之王
良也

已下收本書在六反篇

明主之治國也適其時事以致財物論其稅

明主之治國也適其時事以致財物論其稅
賦以均貧富厚其爵祿以盡賢能重其刑
罰以禁姦邪使民以力得富以事致貴以過
受罪以功置賞而不望慈惠之賜此帝王
之政也
凡姦臣者皆欲順人主之心以取信幸之勢
者也是主有所善臣從而譽之主有所憎
臣因而毀之凡人之大體取舍同則相是也取
舍異則相非也今人臣之所譽者人主之所是

【第十紙】

舍毀則相非也今人臣之所譽者人主之所是
也此之謂同取人臣之所毀者人主之所
非也此之謂同舍夫取舍合向而相與
逆者未嘗聞也此人臣之所取信幸之道
也夫姦臣得親信幸之勢以毀譽進退群
臣者也人主非有術數以御之非有參驗以
審之必將以衆之合己信今之言此幸臣之
所以得欺主成私者也故主必蔽於上臣必
重於下矣此之謂擅主之臣國有擅主之

蔽

重於下矣此之謂擅主之臣國有擅主之
臣則群下不得盡智力以陳其忠百官之
吏不得奉令以致其力矣何以明之夫安利者
就之危害者去之此人之情也人主者非目若离婁乃為明也非耳
若師曠乃為聰也不任其數而待目以為
明所見者少矣非不蔽之術也不因其勢而
待耳以為聰所聞者寡矣非不欺之道
也明主者使天下不得不為己視使天下不
得不為己聽故身在深宮之中明燭四海之

【第十一紙】

得不爲己聽故身在深宮之中明燭四海之
内而天下弗能蔽弗能蔽歎也

汝本无　上　略

三略　黄石公

本書注　丸爲人主患在驕恣志不通下故識也

夫主將之務在於攬英雄之心也攬結當祿有
功通志於衆　丸爲人主患在驕恣不通下故識也　故與衆同好靡不
成與衆同惡靡不傾治國家得人者也

本書注　故微子去而殷滅伍員奔而吴亡失人所以破者也

人謂賢人也伊尹去夏而湯隆寧盛到而昏興明　亡國破家失人者也　微子去而
殷滅伍員奔而楚亡　是以君賢臣居己而申人夫用兵
之要在於崇禮而重祿崇禮則儒士至

又云重切報財勞力且速過三月日踰時

本書注云贍猶足也

本書注云士感義而輕死也

之要在於崇禮而重禄崇禮則傷士至
禄重則義士輕其死故禄賢不愛財貨
功不逾時則下力并而敵國削矣用人
之道尊之以爵贍之以財則士自来易曰何以聚人曰財
接之以禮厲之以辞崇接士之礼厲士以見危授命之辞則士死之
夫将師者必同滋味而共安危敵乃可加養士如此乃可加兵於敵也
昔者良将之用兵也人有饋一
簞醪者使投諸河與士卒逢流而飲之
夫一簞之醪不能味一河之水而三軍之士思爲

【第十一紙】

又云人衆醪少不足周飲注之於河与士衆同流而飲之言既同味而同心者也

本書注云箪笥也非以盛醪今云箪醪将以為葦槖醪満醪之也

又云施而不恡曰不愛王於賞賜庸主多恡

本書注云感主之施所以報也語曰士為知己者死此之謂也

崇接士之礼重義士之禄〻重則位高也

夫一簞之醪不能味一河而三軍之士思爲致死者以滋味之及已也

軍井達未將不言渇（達徹也）軍幕未辨將言倦冬不服裘夏不操扇（与衆同也）是謂禮將（是謂達禮之將）

與之安與之危故其衆可合而不可離（与將士同禍福共安危衆如一體而不可離也）可用而不可疲（不疲者以主恩養素積策謀和同也）

故曰畜恩不倦以一取万（夫以禄下則士歸之養一人可以致万人之養歸所以致樂數是也）

良將之統軍也恕已而治人推惠施恩士力日新（推心之樂惠而施恩於人皆忠恕之道將士用力故日益新）戰如風發

【第十一紙】

169

本書注云盜益也將帥之法所食之味不偏於口安危之事不偏於身
皆与士衆同共之也

【第十二紙】

本書注云外無敵國故安定也

拒　宋約云捍也又格也違也

恩士力日新（推恩之樂惠而施恩於人皆思怨之道將士用力故日々益新）戰如風發攻如河決故其衆可望而不可當可下而不可勝以身先人故兵為天下雄賞罰明明則將威行官人得則士卒服所任賢則敵國振（所得賢則敵國畏威而振怖也）賢者所適其前無敵故士可下而不可驕將者國之命將能制勝國家安定將拒諫則英雄散策不從則謀士叛善惡同則功臣倦將專己則下歸咎將自臧則下少功（臧善）也將受讒則下有離

【第十二紙】

182 184

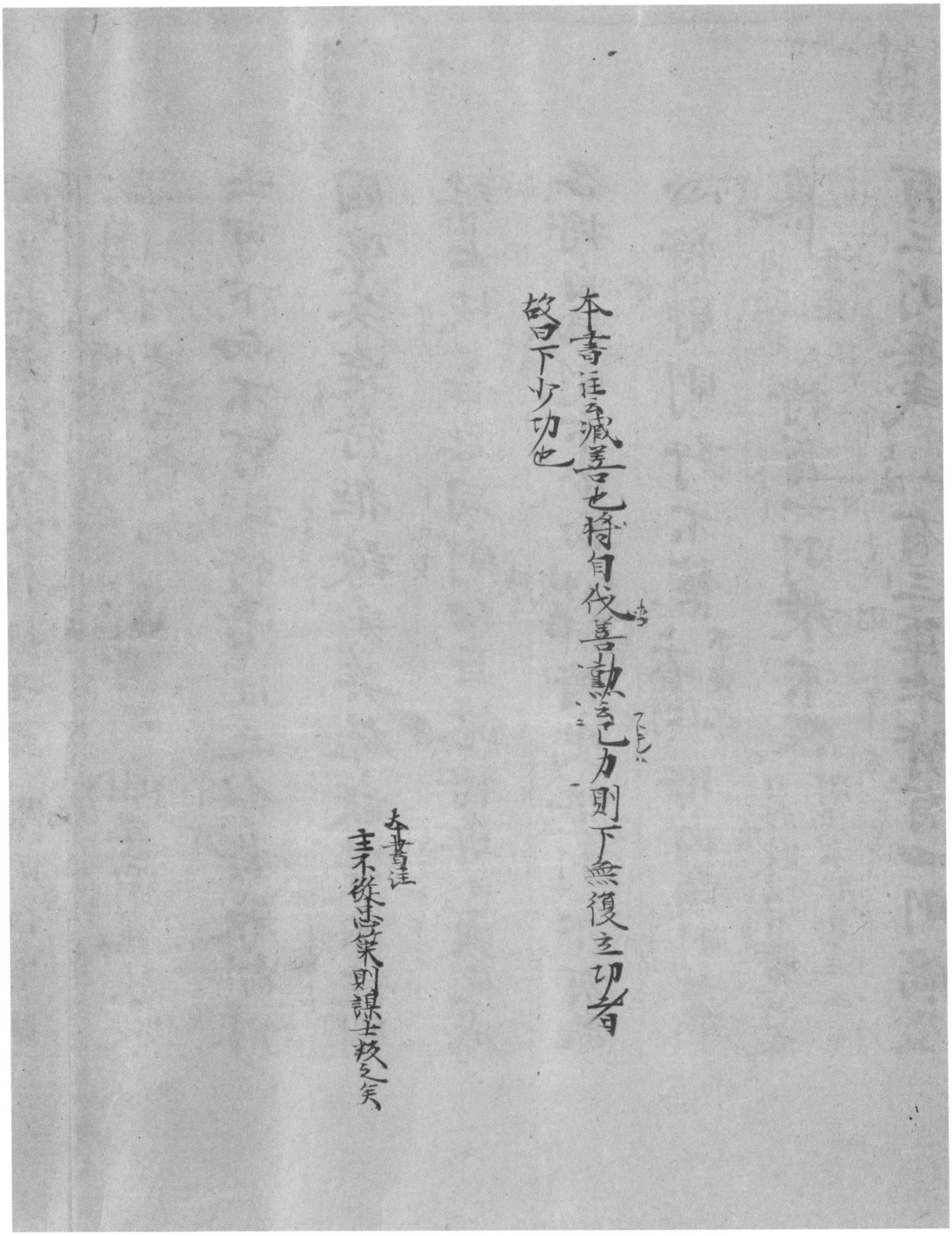

本書注云臧善也將自伐善勳己力則下無復立功者故曰下少功也

本書注 主不從忠策則謀士叛之矣

本ノ注云誡法也有此二條則軍無復法也
將有此三條則乖背離散也

咎將自臧則下少功也臧善將受謗則下有離心將貪則姧不禁上貪則下盜也將内顧則士淫慕内顧思妻妾也將有一則衆不服自擅誅以下將犯此一條則衆不服其違主之道有二則無式有三則軍乖背有四則禍及國衆乖散則國亡也故曰禍及國也軍無財則士不來軍無賞則士不往香餌之下必有懸魚重賞之下必有勇夫故礼者士之所歸賞者士之所死招其所歸示其所死所歸貴賞者士之所死招其所歸示其所死則所求者至求賢待士至求戰則致死故曰所求者至

【第十二紙】

188

本書注云何以聚人曰財　易曰后以財成天地之道　况於人乎

【第十三紙】

所歸乎其所死則所求者至 求賢以士至求戰則致死故曰所求者至
故禮而後悔者則士不止賞而後悔者則
士不使禮賞不倦則士爭死矣　姦雄相
稱鄣蔽主明毀譽並興壅塞主聽各阿所
私令主失忠故主察異言乃覩其萌主
聘儒賢姦雄乃遁主任舊齒万事乃理主聘
巖穴士乃得實 故傅說陟而殷道興四皓至而漢祚長得治之實也 軍勢

本書注云舊齒宿徳也

中略

曰出軍行將不得專進退由內御之則功難 凡師出專制不稟命於內稟命則無威
成 無威則士不用命士不用命則功不成 夫能扶天下之

【第十二紙】

又云各附所親而私之令主失忠信之臣所謂邪臣內則賢聖外也

又云敗賢者稱奸人故日並興塞主聽也

本書注云奸人之雄傑者也相舉以塞賢路令主失明也

【第十三紙】

下略

戾　凡師出專制不稟命於内稟命則無威　無威則士不用命士不用命則功不成　夫能扶天下之危者則據天下之安　能扶天下之危故天下樂安之　能除天下之憂者則厚天下之樂　天下願奉而安樂之　能救天下之禍者則得天下之福　除天下禍故天下樂福之　故澤及人民則賢歸之　惠澤洽人民和則賢者至　澤及昆蟲則聖歸之　万物得其所則聖人至也　賢人所歸則其國強聖人所歸則六合同賢者

【第十四紙】

之政降人以體　體服道化揖讓恭謹故曰降人以體者也　聖人之政降人以心　心服教令故降人以心也　體降可以圖始　人體服之道化者可與謀始也　心降可以保終　心服道化天下和親故可保終也　降體

道化者可與謀始也 心降可以保終 心服道化天下和親故可保終也 降體

以體降心以心

釋近而謀遠者勞而無功釋遠而謀近者

逸而有終逸政多忠臣勞政多怨民故曰務

廣地者荒 不務德政而務廣地荒之道 務廣德者強也 務崇節儉廣其

德教施之道也 荒國者無善政廣德者其下正 君德廣於上則

兆庶正於下也 廢一善則衆善衰賞一惡則衆惡多

善者得其祐惡者受其誅則國安而衆善到矣

一令逆者則百令失 君令一逆民不從故百令皆廢也 一惡施者則百惡

【第十五紙】

一令逆者則百令失（君令一逆民不從故百令皆廢也）一惡施者則百惡結（一惡得施則百惡結而相從也）故令施於順民惡加於凶人（教令施於順化之威民刑惡加於凶逆之人）則令行而不怨羣下附親矣（教令當刑法值百姓悅之親附之也）（值　宋韻云持也措也捨也當也直吏切）有清白之志者不可以爵祿得（四皓是也）有守節之士者不可以威刑脅（晏嬰季子是也）故明君求臣必視其所以爲人者而致焉（視其爲人所執之志而求之也）（亢　宋韻云高也苦浪切）致清白之士脩其禮（四皓亢志不屈於草命之主太子脩禮卑辭而聘其節焉）致守節之士脩其道（不可以非道屬也）而後士可致而名可保（保猶全也）聖主之用兵也非好樂之將以誅暴討亂也以義而誅不

熒 字林云火光也

好樂之將以誅暴討亂夫以義而誅不
義若決江河漑熒火臨不測而擠欲墜其
其克之必也所以必優遊恬惔者何重傷
人物（兵者所以戮暴者危事相殺傷之道故不果爲也）是道也（夫道樂生也）
夫人之有道者若魚之有水得水而生失
水而死（人失道而已得道而存也）故君人者畏懼而不敢失
道賢聖内則邪臣外（堯舉皋陶湯舉伊尹不仁者遠矣隨會在朝則新外奔是）
邪臣内則賢聖斃（惡來任而比干死元長用而伍奢斃故曰斃）内外失宜
禍移傳世（苟失内外之宜禍及子孫三禍故曰傳世也）内外失宜禍移傳

【第十六紙】

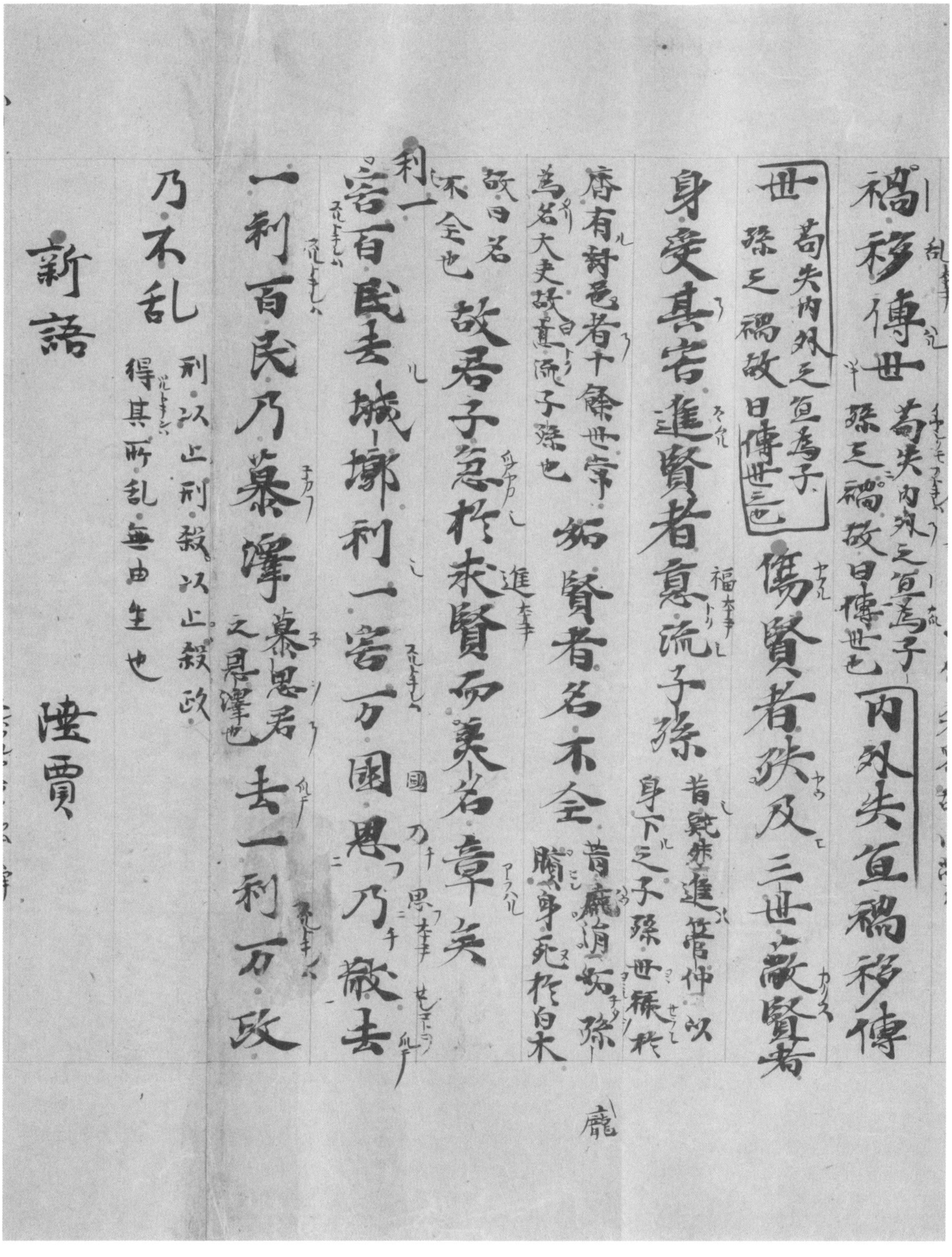

禍移傳世　苟失内外之宜爲子孫之禍故曰傳世也　内外失宜禍移傳

世　苟失内外之宜爲子孫之禍故曰傳世也　傷賢者殃及三世蔽賢者

身受其害進賢者福流子孫　昔鮑叔進管仲以身下之子孫世祿於

齊有封邑者十餘世常　妬賢者名不全　昔龐涓妬孫臏身死於白木

爲名大吏故曰進流子孫也

故曰名不全也　故君子急於求賢而美名章矣

利一害百民去城郭　利一害万國思乃散去

一利百民乃慕澤　慕思君之恩澤也　去一利万政

乃不乱　刑以止刑殺以止殺政得其所乱無由生也

新語　陸賈

【第十七紙】

新語　陸賈

輔政

夫居高者自處不可以不安履危者任杖不
可以不固自處不安則墜任杖不固則仆以是聖人居
高處上則以仁義為巢乘危履傾則以聖賢
為杖故高而不墜危而不仆昔者堯以仁義
為巢舜以稷契為杖故高而益安動而益固
處宴安之臺承克讓之塗德配天地光被八
極功垂於無窮名傳於不朽蓋自處得其巢
任杖得其人也秦以刑罰為巢故有覆巢

無為

任杖得其人也秦以刑罰為巢故有覆巢
破卵之患以李斯趙高為杖故有傾仆跌
傷之禍何者所任者非也故杖聖者帝杖賢者
王杖仁者霸杖智者強杖讒者滅杖賊者
亡者詩云讒人罔極交亂四國衆邪合心以
傾一君國危民失不亦宜乎
道莫大於無為行莫大於謹敬何以言之昔
舜治天下也彈五絃之琴歌南風之詩寂
若無治國之意漠若無憂天下之心然而天下

【第十八紙】

若無治國之意漢若無憂天下之心然而天下
大治故無為者及有為者也秦始皇設刑
法為車裂之誅築城域以備故胡越蒙恬
討亂於外李斯治法於內事愈煩下愈亂法
愈衆姦愈縱秦非不欲治也然失之者舉
措太衆刑罰太極故也
君子尚寬舒以褒其身行身忠和以致疏
遠民畏其威而從其化懷其惠而歸其境
美其治而不敢違其政民不罰而畏不賞

漸 慈斂反入也進也　漬 疾賜反浸也

美其治而不敢違其政民不罰而畏不賞
而勸漸漬於道德而被中和之所致也夫法
令者所以誅暴也故曾閔之孝夷齊之廉此
寧畏法教而為之者哉故堯舜之民可比屋
而封桀紂之民可比屋而誅何者化使其然也
故近河之地濕而近山之木長者以類相及也
高山出雲丘阜生氣四瀆東流則百川無
而行者小象大而少從多也夫南面之君乃百
姓之所取法則者也舉措動作不可以失

姓之所取法則者也舉措動作不可以失
法度故上之化下由風之靡草也王者尚武
於朝則農夫繕甲兵於田故君子之御下
也民奢應之以儉驕淫者糺之以禮未有上
仁而下賊行而爭路者也故孔子曰移風
易俗豈家令人見之哉亦取之於身而已矣
衆口毀譽浮石流木群邪相抑以直為曲
直之異於白黒之殊色天下之易見也然
而目蔽心惑者邪誤之也　秦二世之時

【第十九紙】

而目眩心惑者邪誤之也　秦二世之時
趙高駕鹿而從行王丞相何爲駕鹿高曰
馬也於是乃問群臣〻半言馬半言鹿當
此時秦王不敢信其目而從邪臣之言鹿與馬
之異形乃衆人之所知也然不能別其是非
況於闇昧之事乎人有與曾子同姓名者殺
人〻者曾子母曰參乃殺人母方織如故有頃人
復告之若是者三曾子母投杼踰垣而走
流言之並至衆人之所是非雖賢智不敢自

流言之並至衆人之所是非雖賢智不敢自
畢況凡人乎質美者以通為貴才良者以顯
為大楩梓豫章天下之名木也生深山之中
谿之谷旁立則為衆木之稱仆則為世用因河江
之道而達于京師因斧斤之功得舒其文彩
上則備帝王郊廟[redacted]下則賜公府屬職不得
以備器械及其處於山陵之阻隱於九流之
閒仆於塊磈之津頓於窮寵之谿廣者無
身車之道狹者無徒步之蹊知者所不見

派
東宮切韻
匹卦反水邪
流說文從反
同源別流也

【第十九紙】

硠 五郎反 石聲 玉篇云礧硠石

磥 東宮ノ 陸法言云落猥反 或作磊 釋氏云又雷罪反

麻杲云晉惠帝初謠曰秉生碨磥 集略作磊

九派 文選江賦云源二分於崌崍流九派乎潯陽

向曰崌崍二山名江水之源至此分爲二也水分流曰派江水自盧江至潯陽

分爲九道

【第二十紙】

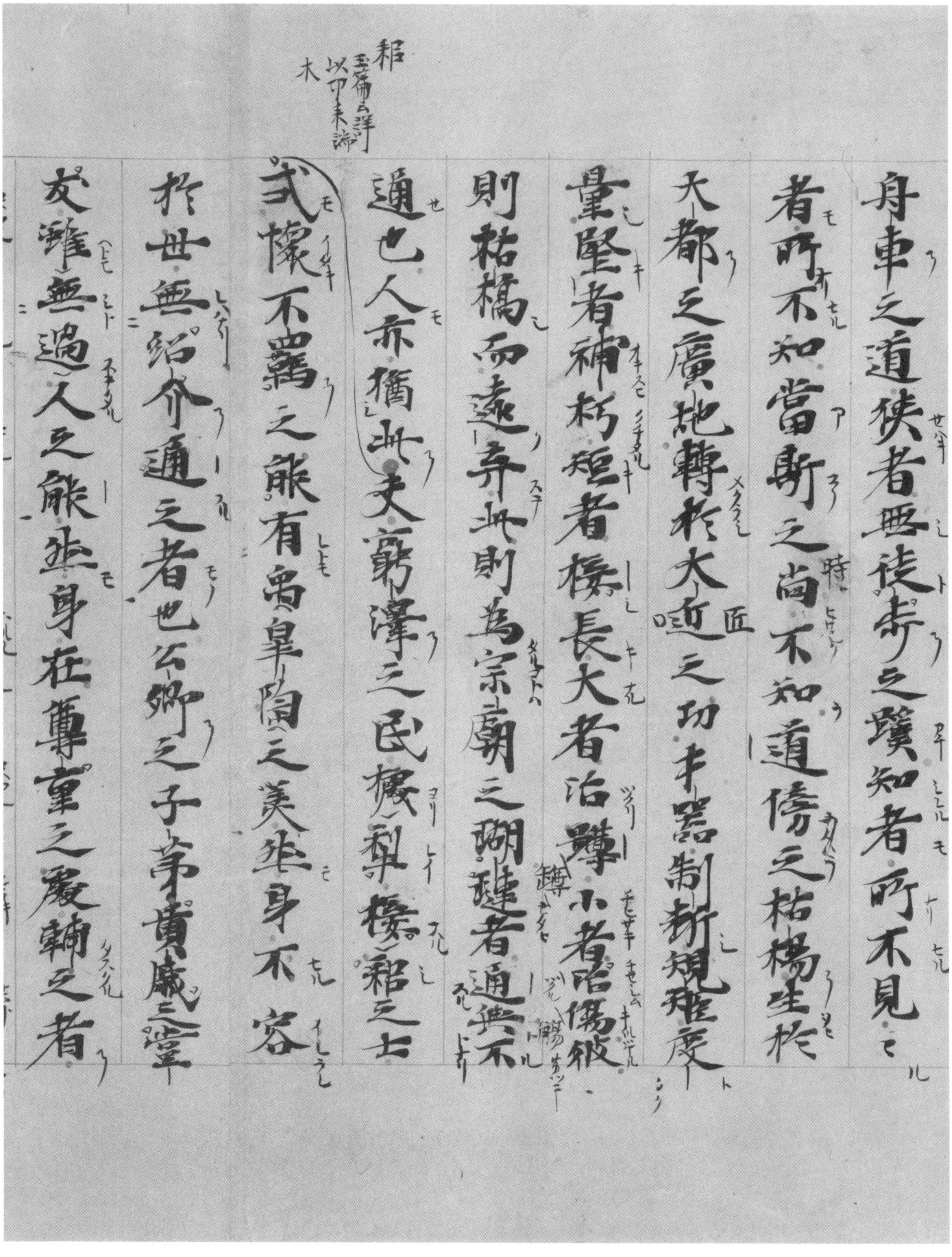
舟車之道狹者無徒步之蹊知者所不見
者所不知當斯之尚不知道傍之枯楊生於
大都之廣地轉於大匠之功中器制斷規矩度
量堅者補朽短者續長大者治薄小者治偽彼
則枯槁而遠棄此則為宗廟之瑚璉者通與不
通也人亦猶此夫窮澤之民據犁之士
或懷不羈之能有皐陶之美生身不容
於世無紹介通之者也公卿之子弟貴戚之黨
友雖無過人之能生身在尊重之處輔之者

友雖無過人之能然身在尊重之處輔之者
強而飾之衆也　夫欲富國強威闢地服遠
者必得之於民欲建功興譽垂名烈流榮
華者必取之於身故據千乘之衆持百姓
之命苞山澤之饒主士衆之力而功不存乎身
名不顯於世者統理之非也天地之性萬物之
類懷德者衆歸之恃刑者民畏之歸之則充
其側畏之則去其城故設刑者不厭輕爲德
者不厭重行罰不患薄布賞不患厚

者不厭重行罰不嚖患薄布賞不患厚
所以親疏而致遠也夫刑重者則心煩事衆
者則身勞心煩者則刑罰從橫而無所立身勞
者則百端回邪而無所就是以君子為治也混
然無事寂止無處官府若無人亭落若無
吏郭無夜行之卒鄉無夜召之征犬不夜吠
雞不夜鳴耆老甘味於堂丁男耕芸於野
朝忠於君在家孝於親於是雖不言而信誠
不怒而威行豈待鎧甲利兵深牢刻令朝夕

不怒而威行豈待鎧甲利兵深牢刻令朝夕
切切而後行哉昔者晉厲齊莊楚靈宋襄
秉大國之權杖衆民之威軍師横出陵轢諸
侯外驕敵國内刻百姓邪讎結於外
群臣之怨積於内而欲建金石之統継不絶之
世豈不難哉故宋襄死於泓之戰三君殺於臣
之手皆輕師尚威以致於斯故春秋重而書
之嗟嘆而傷三君強其威而失其國急其刑
而自賊斯乃去事而戒来事之師也魯莊公

而自賊斯乃去事而戒來事之師也魯莊公
一年之中以三時興築作之役規虞山林草澤
之利與民爭田漁薪採之饒刻桷丹楹眩曜
靡麗收民十二之稅不足以供邪曲之欲繕不
足好以快婦人之目民財盡於驕淫力疲於不
急上困於用下飢於食於是為齊衛陳宋
所伐賢臣出邪臣亂子般殺魯國危也故為
不強還自亡立法不明還自傷莊公之謂也

本行

本行治之道息為上行以仁義為本故尊

【第二十二紙】

本行

本行治之道悳爲上行以仁義爲本故尊於位而無悳者絀富於財而無義者刑賤而好道者貧而有義者榮夫酒池可以運舟糟丘可以遠望豈貧於財統四海之權主九州之衆豈弱於武力然功不能自存而威不能自守非貧弱也乃道悳不存乎身仁義不加於下也故察於利而惛於道者衆之所謀也果於力而寡於義者之所圖也君子篤於義而薄於利敏於行而慎於言所廣功

篤於義而薄於利敏於行而慎於言所廣功
悳也故曰不義而富且貴於我如浮雲夫瓌璧
玉要珮服名寶藏珍怪玉斗酌酒金罍刻鏤
所以夸小人之目者也高臺百仞金城文晝所
以疲百姓之力者也故聖人卑宮室而高道
悳惡衣服而勤仁義不損於行以好其絫不
虧其悳以飾其身國不興不事之功家不
藏不用之器所以稀力役而省貢獻也璧玉
玉珠璣不御於上則翫好之物棄於下彫琢

玉珠璣不御於上則翫好之物弃於下彫琢
刻畫之類不納於君則淫伎曲巧絕於下捨釋
農桑之事入山海採珠璣捕豹翠消筋力散
布帛以極耳目之好快淫侈之心豈不謬哉

明君

明君　君明於德可以及於遠臣篤於義可
以至於大何以言之昔湯以七十里之封升
帝王之位周公自立三公之官比德於五帝三
代斯乃口出善言身行善道之所致也故危
安之効吉凶之符壹出於身存亡之道成敗之事

【第二十三紙】

暴一本易

安之効吉凶之符盡出於身存亡之道成敗之事
起於善行堯舜不易日月而興桀紂不暴參
辰而亡天道不改而人道易也夫恃天地之政操
四海之綱屈申不可以失法動作不可以離度謬
誤出口間亂及万里之外何況刑无罪於獄而
誅无辜於市哉故世衰道失非天之所爲也乃
君國者有以取之也政生惡氣惡氣生災異螟
虫之類隨氣而生虹蜺之屬因政而見治道失
於下則天文變於上惡政流於民則螟虫生

於下則天文變於上惡政流於民則螟虫生於野　夫善道存乎心無遠而不至也惡行著乎己無近而不去也周公曰躬行禮義郊祀后稷越裳奉貢而至驊騮白雉草澤而應殷紂無道微子弃骨肉而亡行善者則百姓悅行惡者則子孫怨是以明者可以致遠否者以失近

思務

近夫長於變者不可窮以詐通於道者不可驚以怪審於辭者不可惑以言達於義者不可動以利是君子博思而廣聽進退循法動作

【第二十四紙】

可勸以利是君子博思廣聽進退順法動作
合度聞見欲衆而採擇欲謹學問欲博而行己
欲敦見邪而知哯直見害而知資目不淫於炫燿之
色耳不亂於阿諛之辭雖利之以脣音之富而志不移
誘之以王喬赤松之壽而行不易然後能盡其道
而定其操致其事而立其功也凡人則不然貪
榮貴之失耳亂於不死之道故多棄其所長而求
其所短不得所無而失其所有是以吳王夫差
知艾陵之可以取勝而不知檇李之可以破亡也故事

知艾陵之可以取勝而不知檇李之可以破亡也故事
或見可利而喪萬機取壹福而致百禍聖人因
變而立功由異而致太平堯舜承蚩尤之失而
思欽明之道君子見惡於外則知變於内矣今之為
君則不然治不以五帝之術則曰今之世不可以道
治也為臣者不師稷契則曰今之民不可以仁義正
也為子者不執曾閔之質朝夕不休而曰家不和
也學者不操回賜之精晝夜不懈而曰世所不行
也自仁君至於庶人未有不法聖道而師賢者也

也自仁君至於庶人未有不法聖道而師賢者也
易曰豐其屋蔀其家窺其戶闃其無〻人〻者非
無人也言無聖賢以治之也故仁者在位而仁人來
義者在朝而義士至是以墨子之門多勇士仲尼
之門多道德文王之朝多賢良秦王之庭多不
祥故善者必有所主而至惡者必有所因而來夫善
惡室作禍福不空生惟心之所向志之所行而已矣

賈子

連語

賈誼

梁嘗有疑獄群臣半以為當罪半以為無罪梁

【第二十五紙】

連語

梁嘗有疑獄群臣半以為當罪半以為无罪梁
王曰陶之朱叟以布衣而富侔國是必有奇智
乃召朱公而問之朱公曰臣鄙民也不知當獄雖
然臣之家有二白璧其色相如也其徑相如其澤
相如也然其價一者千金一者五百金王曰徑與
色澤皆相如也一者千金一者五百金何也朱公
曰側而視之其一者厚倍之是以千金梁王曰
善故獄疑則從去賞疑則從與梁國大悅墻薄
亟壞繒薄亟裂器薄亟毀酒薄亟酸夫薄而

【第二十六紙】

至壞繒薄至裂器薄至毀酒薄至醨夫薄而
可以曠日持久者殆未有也故有國畜民施政
教者臣竊以爲厚之而可耳

問教

楚惠王食寒葅而得蛭因遂吞之腹有疾而
不能食令尹入問曰王安得此疾也王曰我
食寒葅而得蛭念譴之而不行其罪是法廢

監 ム私ム陥ニ反視也

而威不立也譴而行其誅則庖宰監食者法
皆當死心又不忍也故吾恐蛭之見也因遂
吞之令尹避席再拜而賀曰臣聞天道無親

【第二十六紙】

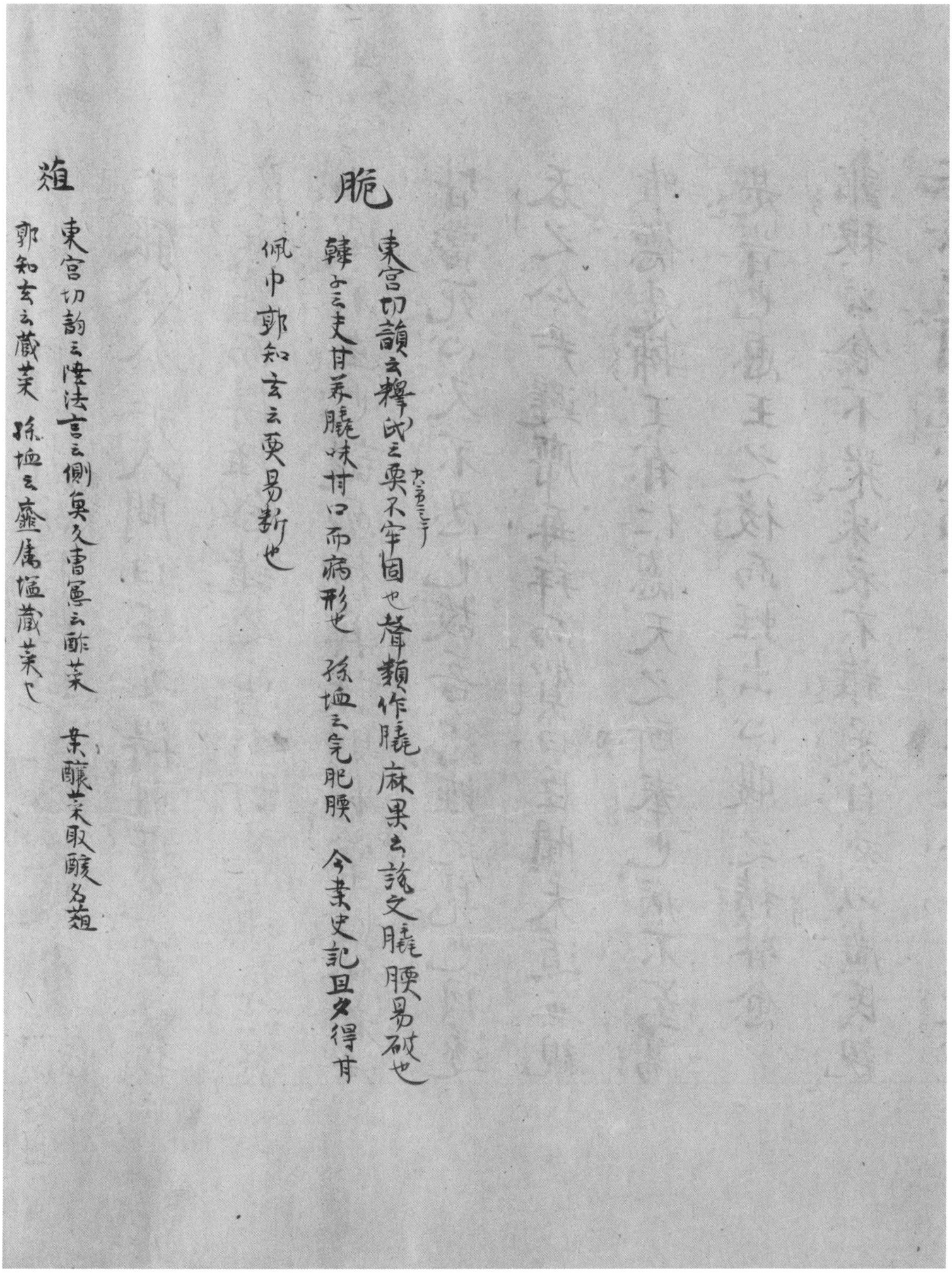

脆
東宮切韻云釋氏云耎不牢固也聲類作膬麻果云說文膬腰易破也
韓子云吏甘蕣膬味甘口而病形也　孫愐云完肥腰　今案史記且夕得甘
佩巾郭知玄云耎易斷也

葅
東宮切韻云陸法言云側魚反書𠪚云酢菜　案釀菜取酸名葅
郭知玄云藏菜　孫愐云齏屬𧂐藏菜也

吞之令尹避席再拜而賀曰臣聞天道無親唯德是輔王有仁德天之所奉也病不為傷是昔也惠王之後而蛭出心腹之積皆愈鄴稷公食不衆味衣不雜采自刻以廣民親賢以定國親民猶子臣下順從若手之投心（宋讀之合也）也故以鄴之細魯衛不敢輕齊楚不能脅稷公死鄴之百姓若失慈父四境之隣於鄴者士民向方而道哭琴瑟無音期年而後始復故愛出者愛反福往者福來　宋康王之時

故愛出者愛反福往者福來　宋康王之時
有雀生鸇於城之陬使史占之曰小而生
大必霸天下康王大喜於是滅滕伐諸侯取
淮北之地乃愈自信欲霸之亟成射天笞地
斬社稷而焚之罵國老之諫者為無頭之冠
以示有勇國人大駭齊王聞而伐之民散城不守
王乃逃而死故見祥而為不可祥必為禍

先醒

懷王問於賈君人之謂知道者先生
何也對曰此博號也大者在人主中者在卿大

【第二十七紙】

何也對曰此博號也大者在人主中者在卿大夫下者在布衣之士乃其正名非為先生也為先醒也彼世主未學道理則嘿然惛於得失不知治亂存亡之所以然忙忙猶醉也而賢主者學問不倦好道不厭慧然先達於道理矣故未治也知所以治未亂也知所以亂未安也知所以安未危也知所以危故昭然先寤乎所以存亡矣故曰先醒譬猶俱醉而獨先發也故世主有先醒者有後醒者有不醒者　昔楚莊王與晉人戰

【第二十八紙】

有後醒者有不醒者　昔楚莊王與晉人戰
大克歸過申侯之邑申侯進飯日中而王不食
申侯請罪王喟然歎曰非子之罪也吾聞之其
君賢君也而又有師者王其君中君也而有師者
霸其君下君也而群臣又莫若者亡今我下君
也而群臣又莫若也吾聞之世不絶賢天下有
賢而我獨不得若吾生者何以食爲故莊王戰
服大國義從諸侯臣得賢佐日中忘飯可謂
明君矣此之謂先寤所以存此先醒者也

【第二十八紙】

明君矣此之謂先寤所以存此先醒者也
昔宋昭公出亡至於境喟然嘆曰嗚呼吾知所
以亡矣吾被服而立侍御者數百人無不曰吾
君聖者内外不聞吾過吾是以至此吾困宜矣
於是革心易行晝學道而夕講之二年而美

【第二十九紙】

聞宋人迎而復之卒為賢諡為昭公既亡矣而
乃寤所以存也此後醒者也　昔者虢君驕恣
詰　玉篇云治也譴也問罪也　宋韵云問也責讓也去吉切
自伐諂諛親貴諫臣詰逐政治踳亂國人不
誥　宋韵云告也謹也古
服晉師伐之虢君出走至於澤中曰吾渴而欲飲

宋韵云屈也
責讓也去吉切
誥宋韵云告也謹也古到切
踳宋韵云踳駁相乖舛也尺尹切
糗玉篇云丘九尺沼二切糒也

服晉師伐之虢君出走至於澤中曰吾渴而欲飲
其御乃進清酒曰吾飢而欲食御進腶脯粱糗
虢君喜曰何給也御曰儲之久矣曰何故儲之對
曰為君出亡而道飢渴也君曰子知寡人之亡也
對曰知之曰知之何不以諫對曰君好諂諛而惡
至言臣願諫恐先虢亡虢君作色而怒御謝曰臣之
言過也君曰吾所以亡者誠何也其御曰君不知
也君之所亡者以大賢也虢君曰賢人之所以存也乃
亡何也對曰天下之君皆不肖君之獨賢也故

【第三十紙】

已何也對曰天下之君皆不肖君之獨賢也故
已歸君喜笑曰嗟賢故是苦邪遂徒行而逃
於山中飢倦枕御膝而卧御以塊自代而去
君遂餓死為禽獸食此已亡矣猶不寤所以存
亡此不寤者也

退讓

退讓 梁大夫有宋就者為邊縣令與楚鄰界
梁之邊亭與楚之邊亭皆種瓜梁之邊亭

劬（玉篇）俱切勞病也

劬力而數灌其瓜美楚人窳而希灌其瓜
惡而楚令怒其亭瓜之惡也楚亭惡梁亭之賢

搔玉云蘇牢切刮也

而楚令怒其亭瓜之惡也楚亭惡梁亭之賢己因往夜竊搔梁亭之瓜皆有死焦者矣宋就令人往竊為楚亭夜善灌其瓜其瓜日以美楚亭往而察之則乃梁亭也楚王聞之恔梁之陰讓也乃謝以重幣而交於梁王故梁楚之驩由宋就始語曰轉敗而為功因禍而為福老子曰報怨以德此之謂也翟王使使者之楚楚王欲夸之故饗客於章華之臺上者三休乃至其上楚王曰翟國亦有此臺乎使者對曰不翟窶國也惡

【第三十一紙】

翟國亦有此臺乎使者對曰不翟窶國也惡
見此臺翟王之自為室也堂高三尺茅茨弗
翦采椽不刮然且翟王猶以作之者大苦居之
者大逸翟國惡見此臺也楚王媿焉

官人

王者官人有六等一曰師二曰友三曰大臣四曰
左右五曰侍御六曰廝役智足以為原泉行足
以為表儀問焉則應求焉則得入人之家足以
重人之家入人之國足以重人之國者謂之師智足
以為礪厲行足以為輔助明於進賢敢於退不

率　宋說云循也領也將也用也

訑　宋云詐也又欺賤物爲訑遥也

以爲礪厲行足以爲輔助明於進賢敢於退不
肖内相匡正外相揚美謂之友智足以謀國事
行足以爲民率仁足以合上下之驩國有法則退
而守之君有難則能死之有職之所守君不以阿
私訑者大臣也循身正行不作於鄉曲道語談
說不作於朝廷執戟居前能舉君之失過不
難以死持之者左右也不貪於財不淫於色事
君不敢有二心君有失過雖不能正諫以死持之
愁悴有憂色不勸聽從者侍御也柔色夸

【第三十一紙】

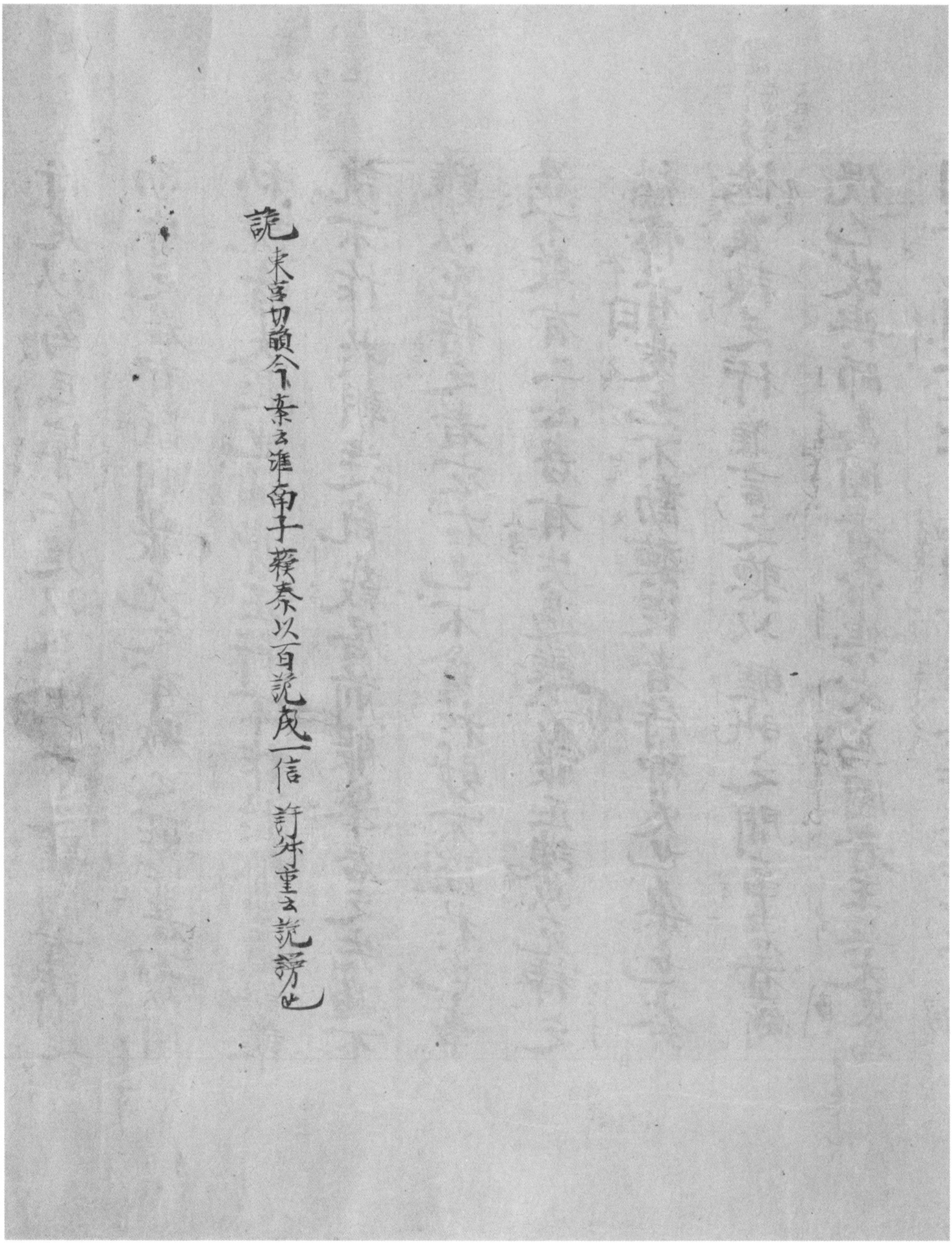

訑 東宮切韻今案云淮南子蘇秦以百訑成一信 許叔重云訑謗也

愁悴有憂色不勸聽從者侍御夫也柔色傴
僂唯諫之行唯言之聽以睚眦之間事君者廝
役也故與師為國者帝與友為國者王與大臣為
國者霸與左右為國者強與侍御者為國
者存若亡與廝役為國者亡可立而待

大政

大政聞之於政民無不為本也國以為本君以
為本吏以為本故國以民為安危君以民為
威侮吏以民為貴賤此之謂民無不為本也民
無不為命也國以為命君以為命吏以為命以

【第三十二紙】

盲 俗語言無目 釋氏云目無眸子

無不為命也國以為命君以為命吏以為吏以
為命故國以民為存亡君以民為盲明吏以民
為賢不肖此之謂民無不為命也民無不為
功也故國以為功君以為功吏以為功故國以民為興壞
君以民為強弱吏以民為能否君以民為強弱
吏以民為能此之謂民無不為功也故夫民者
至賤而不可簡也至愚而不可欺也故自古而
至於今與民為仇者有遲有速而民必勝之
矣道也者福之本也祥也者福之榮也無道

矣道也者福之本也祥也者福之榮也無道
者必禍之本不祥者必失福之榮矣故行而不
緣道者其言也必不顧義矣故紂自謂天王
也而桀自謂天父已滅之後民以罵也以此觀
之則位不足以為尊而號不足以為榮矣故君子
之貴也士民貴之故謂之貴故君子之富也士民樂
之故謂之富故君子之貴也與民以福故士民貴
之故君子之富也與民以財故士民樂之
君能為善則吏必能為善矣吏能為善則民

【第三十三紙】

君能為善則吏必能為善矣吏能為善則民必能為善矣故民之不善吏之罪也吏之不善君之過也嗚呼戒之戒之故夫士民者率之以道然後士民道也率之以義然後士民義也率之以然後士民忠也率之以言然後士民信也故為人君者出其令也其如聲士民學之其如響曲折而從君其如影渚澤有水而國無枯士矣故有不能求士之君而无不可得之士故有不能治民之吏而无不治之人故君明而吏賢矣

能治民之吏无不治之人故君明而吏賢矣
吏賢而民治矣故見其民而知其君矣故
君功見於選士吏功見於治民王者有易政
而无易國有易吏而无易民故因是國也而
爲安因是國也而爲危因是民也而爲治是
以湯以桀之亂民爲武王以紂之北卒爲強
脩政
脩政　周武王問鬻子曰寡人願守而必存
攻而必得戰而必勝則吾爲此柰何鬻子對
曰攻守戰勝同道而和與嚴其備也故曰和

曰攻守戰勝同道而和與嚴其備也故曰和
可以守而戰〔嚴〕可以守嚴不若和之固也和可以
攻而嚴可以攻嚴不若和之得也和可〔以〕戰而
嚴可以戰嚴不若和之勝也則唯由和而可
也故諸侯發政施令政平於人者謂之文政矣
諸侯接士而使〔吏〕禮恭於人者謂之文禮矣諸侯
聽獄斷治刑仁於人者謂之文誅矣故三文行於
政立於治陳於行其由出守而不存攻而不得
戰而不勝者自古而至於今未之嘗聞也今

【第三十四紙】

戰而不勝者自古而至於今未之嘗聞也今也君王欲守而必存攻而必得戰而必勝則唯由此爲可也武王曰受命矣周成王曰寡人聞之聖王在上位使民富且壽云若夫富則可爲也壽則不在天乎粥子對曰聖人在上位則天下无軍兵之事民不私相殺則民免於一死而得一生矣君積於道而吏積於惠而民積於用力故婦人爲其所衣丈夫爲其所食則民无凍餓則民免於二死得二生矣君積於仁

立後義

民无凍餧則民免於二死得二生矣君積於仁
而吏積於愛而民積於財刑罰廢矣而民无夭
竭之誅則民免於三死得三生矣使民有時
而用之有節則民无癘疾則民免於四死
得四生矣興賢良以禁邪惡賢人必用不
肖人不作則民得其命矣故夫當世專者
聖王之功也王月受命矣
立後義　殷湯放桀武王殺紂此天下之
所同聞也為人臣而放其君為人下而殺其

立後義

所同聞也爲人臣而放其君爲人下而殺其
上天下之至逆也而所以長有天下者以其爲
天下開利除害以義繼之也故聲名稱於
天下而傳於後世以其後世之隱其惡而揚
其悳美立其功烈而傳於久遠故天下皆稱

【第三十五紙】

聖帝至治其道之也當矣

群書治要卷第卌

御本云奥書云

課短材聊進之于時長寛二年之秋

河内守從五位上臣藤原朝臣敦綱

建長六年四勘文參議殿以申出

蓮華王院寶藏御本校合寫

點了

直講清原[花押]

課短材點進之于時長寛二年之秋也
河内守從五位上臣藤原朝臣敦綱
建長六年四月勘文条洛以沢申出
蓮華王院寳藏池本校合寫
點了
直講清原（花押）

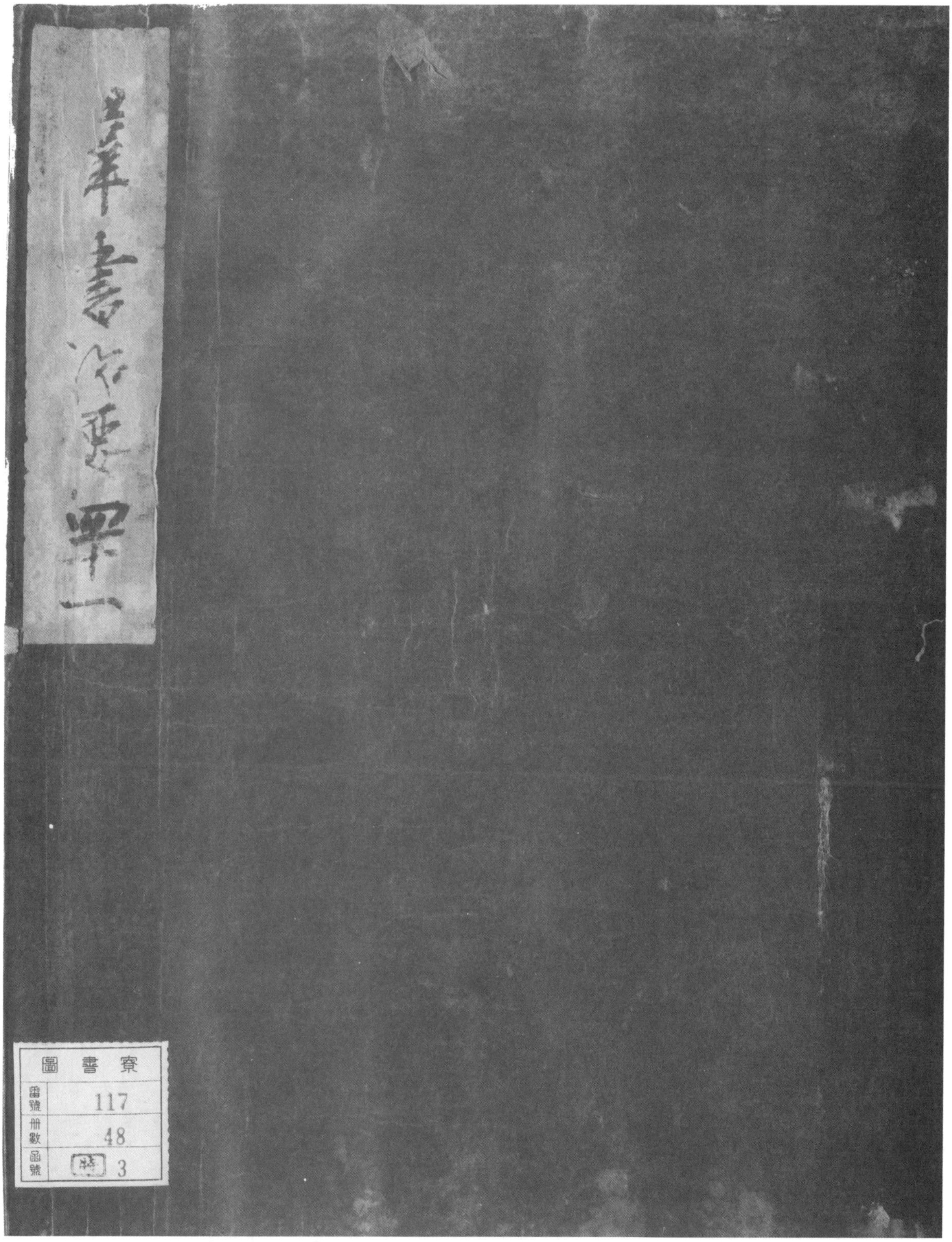
圖書寮
番號 117
冊數 48
函號 特 3

【第一紙】

群書治要卷第卌一　祕書監鉅鹿男臣魏徵等奉敕撰

淮南子　劉安

原道

夫道者覆天地而和陰陽節四時而調五行故達於道者處上而民弗重也居前而衆不害也天下歸之姦邪畏之以其無爭於萬物也故莫能與之爭故體道者逸而不窮任數者勞而無功夫峭

道者逸而不窮任數者勞而無功夫峭
法刻者非霸王之業也箠策繁用者非
致遠之術也離朱之明察鍼末百步之
外而不能見淵中之魚師曠之聽合八
風之調不能聽十里之外故任一人之能不
足以治三畝之宅脩道理之數因天地之
自然則六合不足均也
本經　凡人性之心平欲得樂歌舞乖節
則禽獸跳矣有愛則悲哀有所侵犯則

【第二紙】

則禽獸跳矣有憂則悲哀有所侵犯則
怒怒則有所釋憾矣故鐘鼓管簫所以飾
喜也衰絰苴杖所以飾哀也金鼓鈇鉞所
以飾怒也必有其質乃為之文古者聖
王上〻下同心君臣輯睦衣食有餘家足
人給父慈子孝兄良弟順天下和洽人得其願
故聖人為之作禮樂以節之末世之政田
漁重稅關市急征民力竭於徭役財殫於
會賦居者无食行者无粮老者不養死

會賦計會居者无食行者无糧老者不養死
者不葬贅妻鬻子以給上求猶不能贍其
用愚夫惷婦皆流連之心愴悽之意乃始
為之撞大鐘擊鳴鼓吹竽笙彈琴瑟則失
【第三紙】
樂之本矣古者上求薄而民用給君徳其
惠臣盡其力父行其慈子竭其孝各致
其愛而無憾恨其間矣夫三年之喪非強
【第四紙】
引而致之也聽樂不樂食旨不甘思慕之
心未能絶也風流俗敗嗜欲多而禮義廢君

心未能絶世風流俗敗嗜欲多而礼義廢君
臣相欺父子相疑怨尤充胸思心盡忘被衰
載絰戲笑其中雖致之三年失喪之本
矣古者天子一畿千里爲畿諸侯一同百里爲一同也各守其
分地不得相侵有不行王道暴虐萬民亂政
犯禁者乃舉兵而伐之僇其君易其當
黨卜其子孫以代之天子不滅雖諸侯不滅國自古之政也晚世務廣地
侵壤并兼无已舉不義之兵而伐无
罪之國殺不辜之民絶先聖之後大國出

【第五紙】

罪之國殺不辜之民絶先聖之後大國出
攻小國城守驗人之馬牛繫人之子女毀
人之宗廟徙人之重寶流血千里暴骸滿
野以贍貪主之欲非兵之所爲生也故兵
者所以討暴也非所以爲暴也樂者所以致
和也非所以爲淫也喪者所以盡哀也
非所以爲僞也故事親有道矣而愛爲務朝
廷有容矣而敬爲上處喪有禮矣而哀爲
主用兵有術矣而義爲本々立而道行本

主用兵有術矣而義爲本〻立而道行本
傷而道廢矣
主術　人主之術處无爲之事而行不言
之教清靜而不度壹動而不搖因循而任
下責成而不勞是故心知規而師傅諭導
口能言而行人稱辭足能行而相者前導
耳能聽而執政者進諫是故慮无失策舉
無過事言成文章而行爲儀表於天下
進却應時動靜循理不爲醜美好憎

【第六紙】

進却應嚮時動靜循理不為醜美好憎
不為賞罰喜怒事由自然莫出於己故古
之王者冕而前旒所以蔽明冕冠也前旒冕前珠飾也黈
纊充耳所以掩聰黈纊所以塞耳天子外屏所以自
障也故所理者遠則所在者近所治者大
則所守者小目妄視則淫耳妄聽則惑口
妄言則亂三關者不可不慎守也
夫明主之聽於群臣其計可用也不羞其
位其言可行也不責其辯闇主則不然信所

任其言可行也不責辯闇主則不然信所愛習親近者雖邪枉不正不能見也疏遠卑賤者雖竭力盡忠不能知也有言者窮之以辭有諫者誅之以罪如此而欲炤海內存萬方是猶塞耳而聽清濁掩目而視青黃也其離聰明亦遠矣湯武聖主也而不能與越人乘舲舟浮江湖伊尹賢相也而不能與胡人騎原馬服騊駼（原國名在益州西南出千里馬騊駼野馬）孔墨博通而不能與山居者入榛薄出險阻

孔墨博通而不能與山居者入榛薄出險阻
由此觀之則人智之於物淺矣而欲以照海
内存萬方不因道理之數而專己之能則其
窮不達矣故智不足以爲治勇不足以爲
強則人才不足以任明矣然而君人者不下廟
堂之上而知四海之外者因物以識物因人以
知人也故人主深居隱處以避燥濕閨門重
襲以避姧賊内不知山澤之形帷幕之外目
不能見七里之前耳不能聞然天下之物无

【第七紙】

不能見七里之前耳不能聞然天下之物无
所不通者其灌輸者大而斟酌者衆也是故
不出戸知天下不窺牖知天道乘衆人之智
則天下不足之有也專用其心則獨身不能守也
主道圓者運轉而无端化育如神虚无因
循常後而不先者也臣道方者論是處當
爲事先唱守職分明以立成功者也是故君
臣異道則治同道則亂各得其宜處得其
當則上下有以相使也夫載重而馬羸雖

當則上下有以相使也夫載重而馬羸雖
造父不能以追急車輕而馬良中工可以致
遠是故聖人之舉事也豈能咈道理之數
詭自然之性以曲爲直以詘爲伸哉未嘗
不因資而用之也是以積力之所舉則无不
勝也衆智之所爲則无不成也賢主之用人
猶巧匠制木大小脩短皆得所宜規矩方圓
各有所施殊形異材莫不可得而用也天下
之物莫凶於奚毒然而良醫橐而藏之有

【第八紙】

之物莫凶於奚毒附子然而良醫橐而藏之有
所用也是故竹木草莽之材猶不弃者而
況人乎今夫朝廷之所不舉而鄉邑之
所不譽非其人不肖其所官之者非其職也
麋之上山也大章不能跂也及其下也牧豎
能追之才有脩短也是故有大略者不可責
以捷巧有小智者不可任以大功人有其才
物有其形有任一而大重有任百而尚輕是故
審於豪釐之計者必遺天地之數不失小

審於毫釐之計者必遺天地之數不失小
物之選者惑於大事之舉猶狸之不可使搏
犛牛之不可使捕鼠也今人才有欲平九州
從方外存危國而乃責之以閨閤之礼人奧之
間或佞巧小具脩鄉曲之俗卑下衆人之耳目
而乃任其以天下之權治亂之機是猶斧
劗毛而以刀伐木也皆失其宜矣人主之賦斂
於人也必先計歲收量民積聚知民饑饉有餘
不足之數然後取車輿衣食共食其上高

不足之數然後取車輿衣食共食其上高
臺增榭非不麗也然民無窟穴狹廬士室則明主不
樂也醲甘脆非不香也然民無糟糠橡栗則
明主不甘也主牀蒻席非不寧也然而民有處
邊城犯危難澤死暴骸者則明主安也故古
之君人者甚憯怛於民也國有飢者食不重
味民有寒者而冬不被裘歲豐穀登乃始懸
鐘鼓陳干戚君臣上下同心而樂之國無哀人
故古之爲金石管絃者所以宣樂也兵革斧鉞

【第九紙】

故古之為金石匏絃者所以宣樂也兵革斧
鉞所以飾怒也觴酌俎豆所以効喜也衰絰
菅屨所以喻哀也此皆有哀於内而成象於
外者也及至乱主取民則不裁其力求下則
不量其積男女不得事耕織之業以供上之
求力勤財匱君臣相疾而乃始撞大鐘撃鳴
鼓吹竽笙弾琴瑟是由介冑而入廟被綺
羅而従軍也失樂之所由生矣
食者民之本也民者国之本也國者君之

食者民之本也民者國之本也國者君之
本也是故君人者上因天時下盡地財中
用人力是以群生遂長五穀蕃殖各因其宜
所以應時脩備富國利民實廣來遠者其道
備矣非能目見而足行之也欲利之不忘於心則
官自備矣心之於九竅四支也不能一事焉
然而動靜聽視皆以為主不忘乎欲利之也
故堯為善而衆善至桀為非而衆非來
凡人之論心欲小而志欲大智欲圓而行欲方

【第十紙】

凡人之論心欲小而志欲大智欲圓而行欲方
能欲多而事欲鮮堯置欲諫之鼓舜立誹謗
之木湯有司直之人武王有戒慎之銘過若
豪氂而既已備之矣夫聖人之於善也无小
而不舉於過也無微而不改戰戰慄慄日慎
一日由此觀之則聖人之心小矣武王克殷
鉅橋之粟散鹿臺之錢封比干之墓解箕
子之囚無故無新唯賢之親用非其人晏然
若其故有之由此觀之則聖人之志大矣

若其故有之由此觀之即聖人之志大美矣文
王周觀得失偏覽是非堯舜所以昌桀紂所以
亡者皆著之於明堂由是觀之聖人之智圖矣
成王繼文王之業守明堂之制觀存亡之跡
見成敗之變非道不言非義不行言不苟出
行不苟爲擇善而後事焉由此觀之則聖
人之行方矣孔子之通知過萇弘（萇弘周景王之史臣通天
下鬼方之術也）勇服孟賁（孟賁衛人）能亦多矣然而勇力不
聞枚巧不知專行孝道以成素王事亦鮮矣

聞枝巧不知事行孝道以成素王事亦鮮矣
夫聖人智固已多矣其所守者約故舉而必
榮愚人之智故以少矣其所事者又多故動
而必窮矣

繆稱

主者國之心也心治則百節皆安心擾則百
節亂治猶理也節猶事也以體喻也故其身治者枝體相遺遺忘
其國治者君臣相忘也各得其所无所思念
君子非義無以生失義則失其所以生小人
非嗜欲無以活失嗜欲則失其所以活故君子

非肯欲無以治失嗜欲則失其所以治故君子
懼失義小人懼失利觀其所懼知各殊矣凡
人各賢其所悦而悦其所快世莫擧賢悦其所賢者而
悦其之所行之快性人之元不擧与己同者以為賢也或以亂非自遁也求同于己
者也己未必賢而求與己同者也而欲得賢
亦不幾矣幾近也
齊俗
子路撜溺而受牛謝撜擧也孔子曰魯國必好
救人於患矣子貢贖人而不受金於府魯国之法贖人金於他国者
受於府也孔子曰魯國不復贖人矣子路受而勸德

受於府也孔子曰魯國不復贖人矣子路受而勸德
子貢讓而止善孔子之明以小知大以近知遠
通於論者也由此觀之廉有所在而不可公行
也故行齊於俗可隨也事周於能易為也矜
偽以惑世伉行以違衆聖人不以為民俗也日
月欲明浮雲蓋之河水欲清沙石穢之人性欲
平嗜欲害之夫能欲而失性動未嘗正也以治
身則失以治國則敗是故不聞道者无以反性故
古之聖王能得諸己故令行禁止名傳後世

【第十二紙】

古之聖王能得諸己故令行禁止名傳後世德施四海是故凡將舉事必先平意神清意平物乃可正夫載哀者聞歌聲而泣載樂者見哭者而笑何者載使然也是故貴虛（虛者元所載於哀樂）故水激則波興氣亂則智昏〻智不可以為政波水不可以為平故聖王執一而勿失萬物之情測矣四夷九州服矣天下是非无所定世各是其所是非其所非所謂是與所謂非各異皆是自而非人今吾

季子
密子今本下

所謂是與所謂非各異皆是自而非人今吾
欲擇是而居之擇非而去之不知世之所
是非者孰是孰非客有見人於季子者
季子〻賤也 客出季子曰子之所見客獨有
三過望我而笑是攓之攓僈談語而不
稱師是反也交淺而言深是亂也客曰望君
而笑是公也談語不稱師是通也交淺而言深
是忠也故客之容一體也或以為君子或以為
小人所自見之異也故趣舍合則言忠而益親

【第十三紙】

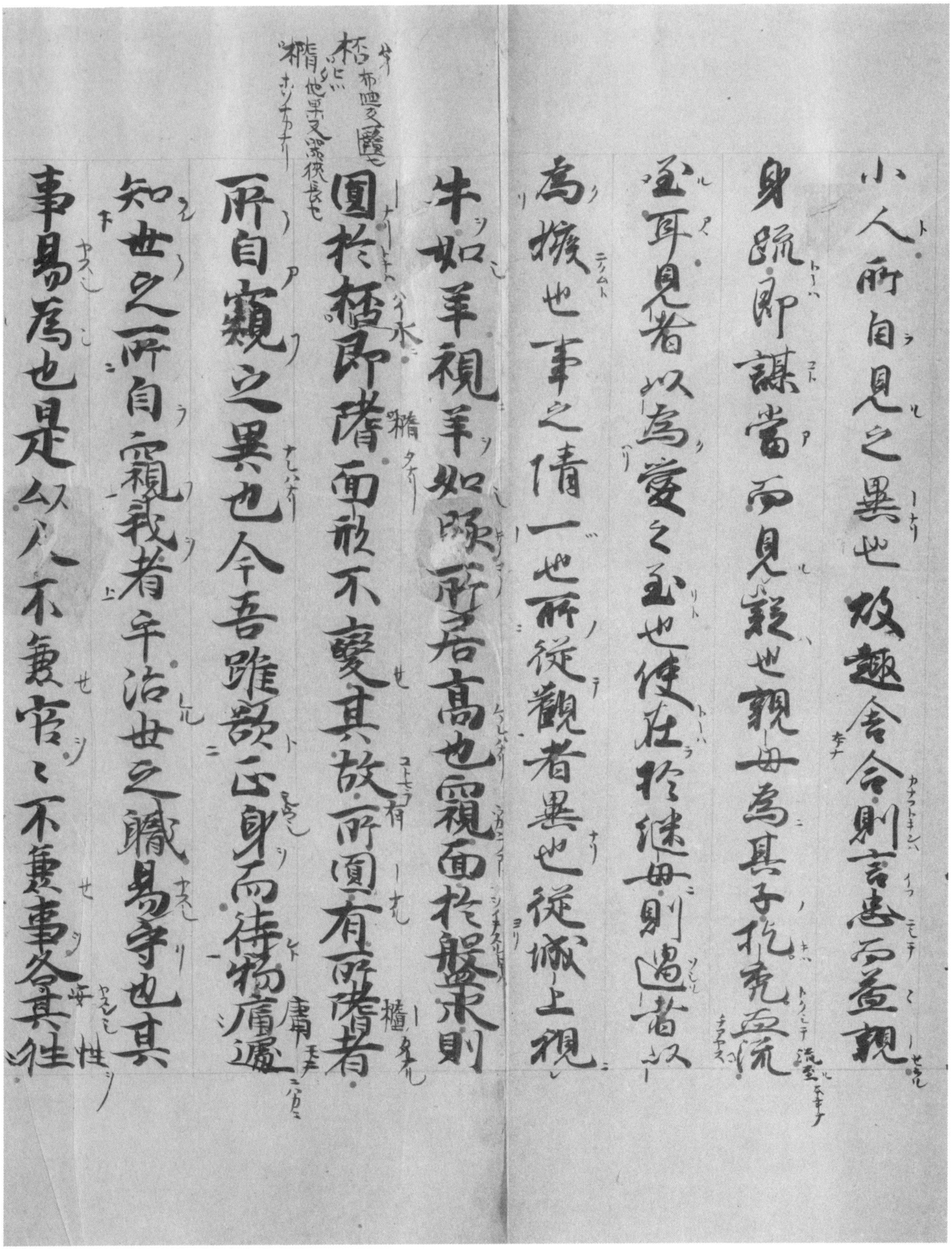
小人所自見之異也故趣舍合則言忠而益親
身疏則謀當而見疑也親母為其子扢禿血流
至耳見者以為愛之至也使在於繼母則過者以
為嫉也事之情一也所從觀者異也從城上視
牛如羊視羊如豕所居高也窺面於盤水則
圓於桮則橢面形不變其故所圓有所橢者
所自窺之異也今吾雖欲正身而待物庸遽
知世之所自窺我者乎治世之職易守也其
事易為也是以人不兼官官不兼事各其性

【第十四紙】

事易爲也是以人不兼官〻不兼事各其徃
不得相干故伊尹之興土功也脩脛者使之
趒钁長脛以蹋钁者使而入深強脊者使之負土
者使之維傴者使之塗傴人塗地同其傴也各有所宜
而人性齊矣胡人便於馬越人便於舟異
形殊類易事而悖失處而賤得勢而貴聖人
總而用之其數一也夫舉輕重不失銖兩聖人
弗用而懸之乎權衡視高下不差尺寸明
主弗任而求之乎浣準浣唯水望之平何則人材不

主弗任而求之乎況唯〔洎唯水望三年〕何則人材不可專用而度量可世傳也夫待騕褭飛兔而駕之〔騕褭飛兔一日萬里也〕則世莫乘車待西施絡慕而為妃〔西施絡慕古好女也〕則終身不家矣然不待古之莫俊而人自足者因其所有而遂用之也治國之道上无苛令官无煩治士无僞行工无淫巧其事任而不擾其器完而不飾亂世則不然為行者相揭以高為禮者相矜以僞車輿極於雕琢器用遽於刻鏤求貨者

【第十五紙】

以僞車輿極於雕琢器用遍於刻鏤求貨者
爭難得以爲寶詆文者處煩撓以爲慧
爭爲詭辯久稽而不決无益於治工爲奇器
歴歳而後成不困於用故神農之法曰丈夫丁
壯而不耕天下有受其飢者婦人當年而不織
天下有受其寒者故身自耕妻親織以爲天
下先其道民也不貴難得之貨不器无用
之物是故其耕不强者以養生其織不力者
无以揜形有餘不足各歸其身衣饒裕姦

无以抒形有餘不足各歸其身衣饒裕姦
不生安樂无事而天下均平故孔丘曽參无所
施其善賁成荊无所行其威衰世之俗以
其智巧詐僞飾衆无用貴遠方之貨珎難
得之財不積於養生之具澆天下之淳以清
爲濁人失其情故其爲戸齊民无以異然貧
冨之相去也人君與僕虜不足倫之夫乘奇
枝爲雅施者自足乎一世之間守正脩理不
爲苟得者不勉乎飢渴之患而欲民之去末

爲苟得者不勉乎飢渇之患而欲已之去末
反本是猶發其源而壅其流也且夫彫文
刻鏤傷農事者也錦繡纂組害女功也農事
廢業飢之本也女功不繼寒之源也飢寒竝至
而能無犯令干誅者古今未之聞也故所決
流一鄉父子兄弟相遺而走步涉陵上高丘輕
足者先不能相顧也世樂志平見赫國之溺宮騎
衰之有況親戚而行不能辭也游者不能拯溺
手足有所急也灼者不能救火身體有所痛

手足有所急也灼者不能救火身軆有所痛也夫民有餘即讓不足即爭讓則礼義生爭則暴乱起扣門求火水莫不與者所饒足也林中不賣薪湖上不鬻魚所有餘也故物隆則欲省求贍則爭止故世治則小人守正而利不能誘也世乱則君子為姦而刑不能禁也惠子為恵王為国法（恵王魏恵王　恵子恵施也）已成王其悦之以示翟煎翟煎曰善可邪煎曰不可王曰善而不可行何也對曰今舉大木者前呼邪許後

可行何也對曰今舉大木者前呼邪許後
亦應之此舉重勸力之歌也豈無鄭衛激
楚之者哉然而不用者不若此其宜也治國
有禮不在文辯故老子曰法令滋章盜賊
多有此之謂也
趙襄子使功翟而勝之襄子方將食而有
憂邑左右曰一朝而兩城下此人之所以善也
今君有憂邑何也襄子曰江河之大也不過三
日飄風暴雨日中不須臾今趙氏之

【第十七紙】

日三日而飄風暴雨日中不須臾言其不能終也今趙氏之
德行無積一朝而兩城下亡其及我乎孔子聞
之曰趙氏其昌乎夫憂所以為昌也而喜所以
為亡也勝非其難也持之其難者也賢主以
此持勝故其福及後世齊楚吳越皆嘗勝
矣然而卒取亡焉不通乎持勝也唯有道之
主能持勝為能持者齊王后死欲置后而未定使群臣
議薛公欲中王之意因獻十珥而美其
一旦日因問美珥之所在因勸立以為王后齊

一旦日因問美珥之所在因勸王以爲王后齊
王大悅遂重薛公故人主之嗜慾見於外則
爲人臣之所制故老子曰塞其兌閉其門終
身不勤
宓子治單父三年（宓子宓子賤也）而巫馬期（巫馬期孔子弟子也）
往觀化焉（竊視之）見夜漁者得魚則釋之
問焉漁者對曰宓子不欲人之取小魚也
所得者小魚是以釋之巫馬期歸以報孔
子曰宓子之德至矣使人闇行若有嚴

子曰宓子之悳至矣使人闇行若有嚴刑在其側者宓子何以至於此孔子曰丘嘗問之以治言曰誠於此者形於彼宓子必行此術也

汜論

天下豈有常法哉當於世事得於人理順於天地則可以正治矣夫神農伏羲不施賞罰而民不為非然立政者不能廢法而治民舜執干戚而服有苗然征伐者不能釋甲兵而制彊暴由此觀之法度者所以論

甲兵而制彊暴由此觀之法度者所以論

民俗而節緩急也器械者因時變而制宜

適也聖人作法而萬民制焉賢者立禮而

不肖拘焉制法之民不可與遠舉拘禮之

【第十八紙】

人不可以應變耳不知清濁之分者不可令

調音心不知治亂之源者不可令制法度必

有獨聞之聽獨見之明然後能擅道而行也

夫殷變夏周變殷春秋變周三代之禮不

同何古之從今儒墨之稱三代文武而不行也

曰何古之從今儒墨之稱三代文武而不行也
是言其所不行也儒墨之所言今皆不行也非今時之世而不
改是行其所非也稱其所是行其所非是
以盡日極慮而无益於治勞形竭精而无
補於主今夫圖工畫鬼魅无信驗而狗馬
切於前也夫存危治亂非智不能而道先稱古
雖愚有餘故不用之法聖主不行不驗之
言明主不聽也今謂彊者勝則度地計衆富
者則量粟而稱金如此則千乘之君无不霸王

【第十九紙】

者則量粟而稱金如此則千乘之君兵不霸
萬乘之國兵破亡者矣國之亡也大不足恃道之
行也小不可輕由此觀之存在得道而不在
於大亡在失道而不小也亂國之君務廣其
地而不務仁義務高其位而不務道德是
釋其所以存而就其所以亡也故桀囚於焦門
不能自非其所行而悔不殺湯於夏臺紂於
宣室而不反其過而悔其不殺文王於牖里
嘗識衆强大之勢而脩道德之論湯武救罪

常識處強大之勢而脩道德之論湯武救罪
之不給何謀之敢慮乎若上乱三光之明
下失万民之心雖微湯武孰弗能奪今不
審其在已者而反備諸乎人天下非一湯武也
殺一人即必或繼之者矣且湯武之所以處小
弱而能以王者以其有道也桀紂之所以處強大
而終見奪者以其无道也今不行人之所
以王而反益己之所以奪者趨亡之道也
事有有行而不可言者有可言而不可行者

事有有行而不可言者有可言而不可行者或易為而難成者或難成而易敗者所謂可行而不可言者趣舍也可言而不可行者偽詐也易為而難成者事也難成而易敗者治也此四策者聖人之所獨視而留志也末有功而知其賢者唯堯之知舜也功成事立而知其賢者市人之知舜也夫物之相類者世之所亂惑也嫌疑肖象者衆人之所眩燿也故恒者類智而非智也愚者類君子而

【第二十紙】

也故佷者類智而非智也愚者類君子而
非君子也戇者類勇而非勇也使人之相去
也若玉之與石也葵之與莧也則論人易
矣天下莫易於為善而莫難於為不善所
謂為善者靜而无為也所謂為不善者躁
而多欲也適情辭餘无所誘慕循性保真
无變於己故曰為善者易也越城郭踰險
塞簒弒矯誣非人之性也故曰為不善難
也今人之所以犯囹圄之罪而陷於刑戮之

也令人之所以犯罔圄之罪而陷於刑僇之
患者由嗜欲亡厭不脩度量之故何也以
知其然今吏陳卒設兵而相當將施令曰
斬首者拜爵而曲撓者要斬然而隊伯之卒
皆不能前遂斬首之功而後被要斬之罪
是去恐死而就必死也故事或欲之適足
以失之或避之適足以就之有人乘舩而遇大
風者波至而恐自投水中非不貪生而畏
死惑於恐死而反忘生也人之嗜欲亦猶此

死咸於怨死而反忘生也人之耆欲亦猶此也
（故）達道之人不苟得讓福其有弗棄非有不
索也恒盈而不溢常虛而易足今夫溜水足
以溢壺榼而江河不能實漏卮故人心猶此
也自當以道術度量則充食虛衣禦寒足
以養七尺之形矣若无道術度量則万乘之
勢不足以為尊天下之富不足以為樂矣
（詮言）為治之本務在安〻民〻之本在於足用
〻〻之本在於勿奪時〻勿奪時之本在於省

々之本在於勿奪時勿奪時之本在於省
事々之本在於節欲々々之本在於反
性釋道而任智者必危棄數而用材者必困
有以欲多亡者未有以無欲危者也有以
欲治亂者未有以守常失者也故智不足
以免患愚不足以至於失身守其分循其
理失之不憂得之不喜因春而生因秋而殺
所生者不德所殺者不怨則近於道矣聖
人守其所以有不求其所未得求其所則

人守其所以有，不求其所未得；求其所未得，則所有者亡矣；脩其所有，則所欲者至矣。故用兵者先為不可勝，以待敵之可勝也；治國者先為不可奪也，以待敵之可奪也。舜脩之歷山，而海内從之；文王脩之岐周，而天下移風。使舜趨天下之利，而忘脩己之道，身猶弗能保，何尺地之有乎？故福莫大無禍，利莫美不喪。動之為物，不損則益，動有為也。不成則毀，不利則病，皆險也。險，言施亦難，險不行。道之者危。

【第二十二紙】

道之者危
上求材臣殘木上求魚臣乾谷上求楫而
下致船上言若絲下言若綸上有一善下
有二譽上有三褒下有九殺褒殺皆喻儉也傳曰上之所好下尤甚焉故有九殺也
人閒
夫言出於口者不可止於人行發於迹者
不可禁於遠事者難成而易敗也
名者難立而易廢也千里之堤以螻蟻之
穴漏百尋之屋以突隙之煙焚突竈也
堯戒曰戰戰慄慄日慎一日人莫蹪於山而

尭戒曰戰戰慄慄日慎一日莫躓於山而躓於垤（躓蹪也垤蟻封也）是故人者皆輕小害易微事是以多悔患至而後憂之是猶病者已惓（惓劇也）而索良醫也雖有扁鵲兪跗之巧猶不能生也（兪跗黄帝時醫）天下有三危少悳（德）而多寵一危也材下而位高二危也身无大功而有厚禄三危也賢主不苟得忠臣不苟利何以明之中行繆伯攻鼓弗能下（中行穆伯也）餽間倫曰（晉大夫）（鼓北翟）鼓之嗇夫間倫知之（餽間倫晉）

【第二十三紙】

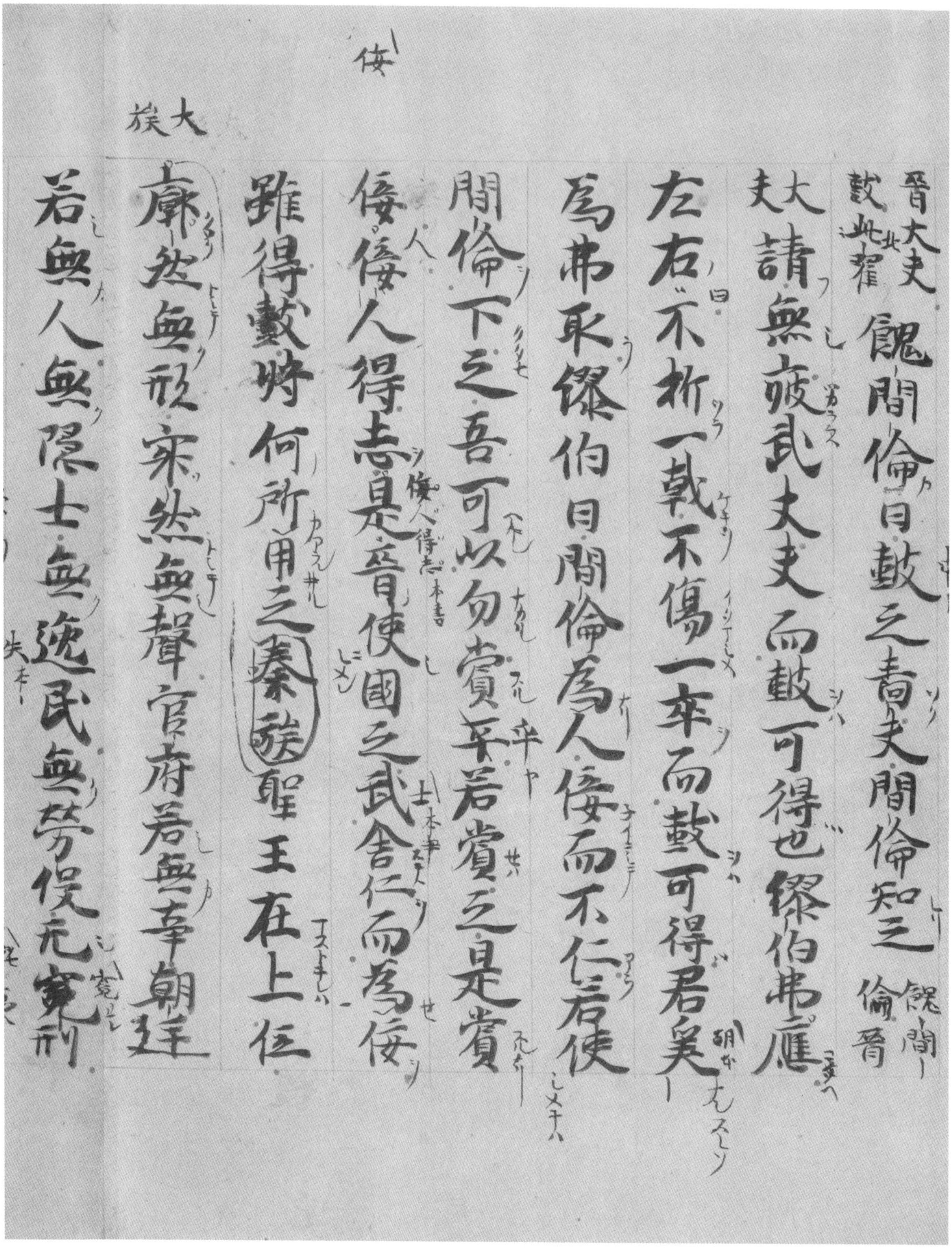
餽間倫曰鼓之嗇夫間倫知之
請無疲士大夫而鼓可得也穆伯弗應
左右曰不折一戟不傷一卒而鼓可得君奚
為弗取穆伯曰間倫為人佞而不仁若使
間倫下之吾可以勿賞乎若賞之是賞
佞佞人得志是晉使國之武舍仁而為佞
雖得鼓將何所用之泰族聖王在上位
廓然無形寂然無聲官府若無事朝廷
若無人無隱士無逸民無勞役無冤刑
佞
大族

若無人無隱士無逸民無勞役無冤刑
四海之内莫不仰上之德象主之指夷狄
之國重譯而至非戸辯而家説之也推其
誠心施之天下而已矣詩曰恵此中國
以綏四方内順外寧矣大王亶父策杖
而去百姓携幼扶老而國乎岐周非所能
召也秦穆公爲食駿馬之傷也飲之美
酒以其死力報非券之所責也　季
子治單父夜漁者得小即釋之非刑之所

子治單父夜漁者得小即釋之所
能禁也孔子爲魯司寇田漁皆讓長
而斑白不負戴非法之所能致也夫矣
之所以射遠貫堅者弩力也其所以中的
剖微者人心也賞善罰暴者政令也其所
以行者精誠也故弩雖強不強不能獨中
令雖明不能獨行必有精氣所與之故
揔道以被民不從誠心弗施也
天地四時非生萬物者也神明接陰陽和焉

【第二十四紙】

天地四時非生萬物者也神明接陰陽和

萬物生之聖人之治天下非易民性也拊

循其所有而滌蕩之故因則大化則細

矣脉因循則大矣化而欲作則小矣先王之制法也因民之所

好而為之節文者也因其好色而制婚

姻之禮故男女有別因其喜音而正雅頌

之聲故風俗不流因其寧室家樂妻子

教之以孝故父子有親因喜朋友而教之

以悌故長幼有序然後脩朝聘以明貴

以悌之長幼有序然後脩朝聘以明貴
賤郷飲習射以明長幼時蒐振旅以習用
兵（蒐簡車馬也）入學庠序以脩人倫此皆人
所有於性而聖人所匠成也
民無廉恥不可治也非脩礼義廉恥不立
民不知禮義法弗能正也非崇善廢醜不
向禮義無法不可以為治也不知禮義不
可以行法々能殺不孝者而不能使人為孔
墨之行法能刑竊盜者而不能使人為

【第二十五紙】

曽之行法能刑竊盜者而不能使人為
伯夷之廉孔子養徒三千人皆入孝出
悌言為文章行為儀表教之所成也墨子
服役百八十人皆可使赴火蹈刃死不還踵
化之所致也夫刻肌膚鑱皮革被創流血至難
也然越人為之以求榮也（越人以箴刺其皮為龍文）聖王
在位明好憎以示人經誹譽以道之親
賢而進之賤不肖而退之無被瘡流血
患而有高世尊顯之名民孰不從古者法

【第二十五紙】

患而有高世尊顯之臣孰不從古者法
設而不犯刑措而不用非可刑而不刑也百
工維時庶績咸熈礼義脩而任賢得也故
故舉天下之高以為三公一國之高以為九
卿一縣之高以為廿七大夫一鄉之高以為
八十一元士各以小大之材處其位得其
由本流末以重制軽上唱而民和上動而
下随四海之内一心同歸背貪鄙而向義理
於其以化民也若風之揺草木無之而不靡

於其以化民也若風之搖草木無之而不靡
令使愚教智使不肖臨賢雖嚴刑罰民
弗從者小不能制大弱不能使強也故聖
主者舉賢以立功不肖主舉其所與同文
王舉太公望召公奭而王桓公任管仲隰
朋而霸此舉賢以立功也夫差用太宰嚭
而滅秦任李斯趙高而亡此舉所與同也
故觀其所舉而治亂可見也察其黨與
而賢不肖可論也夫聖人之屬者以求由也

【第二十六紙】

而賢不肖可論也夫聖人之屈者以求申也
枉者以求直也故雖出邪僻之道行幽昧
之塗將欲以興大道成大功猶出林之中不
得直道拯溺之人不得不濡足也觀者
於其反也而觀行者於其終也故百川並流
不注海者不爲川谷趨行蹐馳不歸善
者不爲君子故善言歸乎可行善行歸乎
仁義君子之過也猶日月之蝕也何害於
明小人之可也猶狗之晝吠鴟之夜見何

明小人之可也猶狗之晝吠鴟之夜見何益於善夫智者不妄爲勇者不妄發擇善而爲之計義而行之故事成而功足賴也身死而名足稱也雖有智能必以仁義爲之本而後可立也智能蹐馳百事並作聖人以仁義爲之准繩中之者謂之君子不中者謂之小人人莫不智學之有益於己也然而不能者嬉戲害之也人皆多以無用害有用故知不博而日不足以鑿觀池

【第二十七紙】

無用言有用故知不博而日不足以鑒觀也
之力耕則田野必闢矣以積土之高循隄防
則水用必足之以食狗馬鴻鴈之費養士則
名譽必榮矣以弋獵博弈之日誦詩書則
聞識必博矣
故上下異道則治同道則亂位高而道大
者從事大而道小者亟故小者亟敬小技
言義小慧言道小辯言治苛悄傷意大
政不險故民易導至治寬裕故下不相賊

政不險故民易導至治寛裕故下不相賊
至忠復素故民無慝德原蠶一歲再收非不
利也然王法禁之者為其殘桑也家產異
飯而食殊器而享之子婦跣而上堂跪
而斟羹非不費也然而不可省者為其
害義也待媒而結言娉納而取婦袀玄
而親迎非不煩也然而不可易者所以
防淫也使民居處相司有罪相告於以禁
姦非不掇也然不可行者為傷和睦之心

姧非不較也然不可行者爲傷和睦之心
而構仇讎之怨也故車有鑿一孔而生百
隟樹一物而万蘖生者所鑿不足以
爲便而所開足以爲敗所樹不足以爲
利而所生足以爲穢愚者惑於小利而
忘其大害不可以爲法也故仁智人材
之義者也所謂仁者愛人也所謂智者
知人也愛人則無虐刑矣知人則无乱政
矣三代之所以昌也智伯有五過人之財

【第二十八紙】

矣三代之所以昌也智伯有五過人之材
智伯美鬚長大一材也射御足力二材也枝藝畢極三材也巧文辯慧四材也強毅果敢五材也
而不免於身死人手者不愛人也齊王建
有三過人之巧
力能引強走先馬超能越高
而身虜於秦
者不知賢
齊王建任用后勝之計不用淳于越之言
故仁莫大於愛
人智莫大於知人二者不立雖察慧捷巧不
免於亂矣

群書治要卷第卌一

群書治要巻第卌一

以蓮華王院宝蔵本校畢了

直講清原[illegible]

一

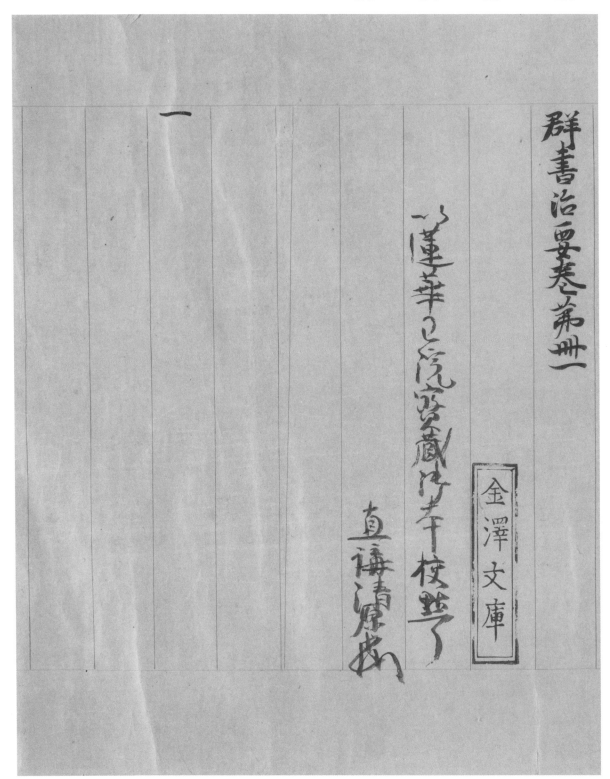

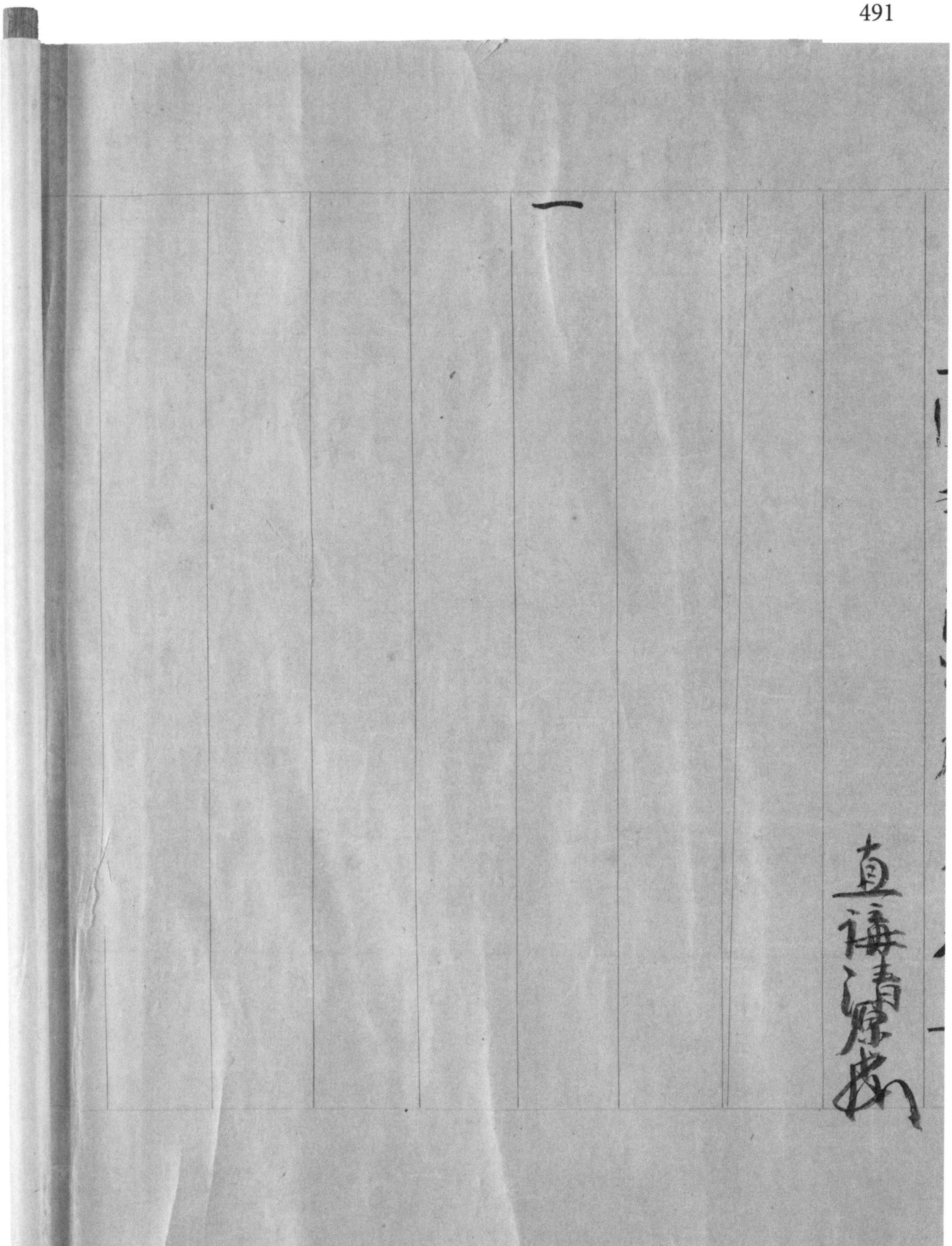
一
直海清原

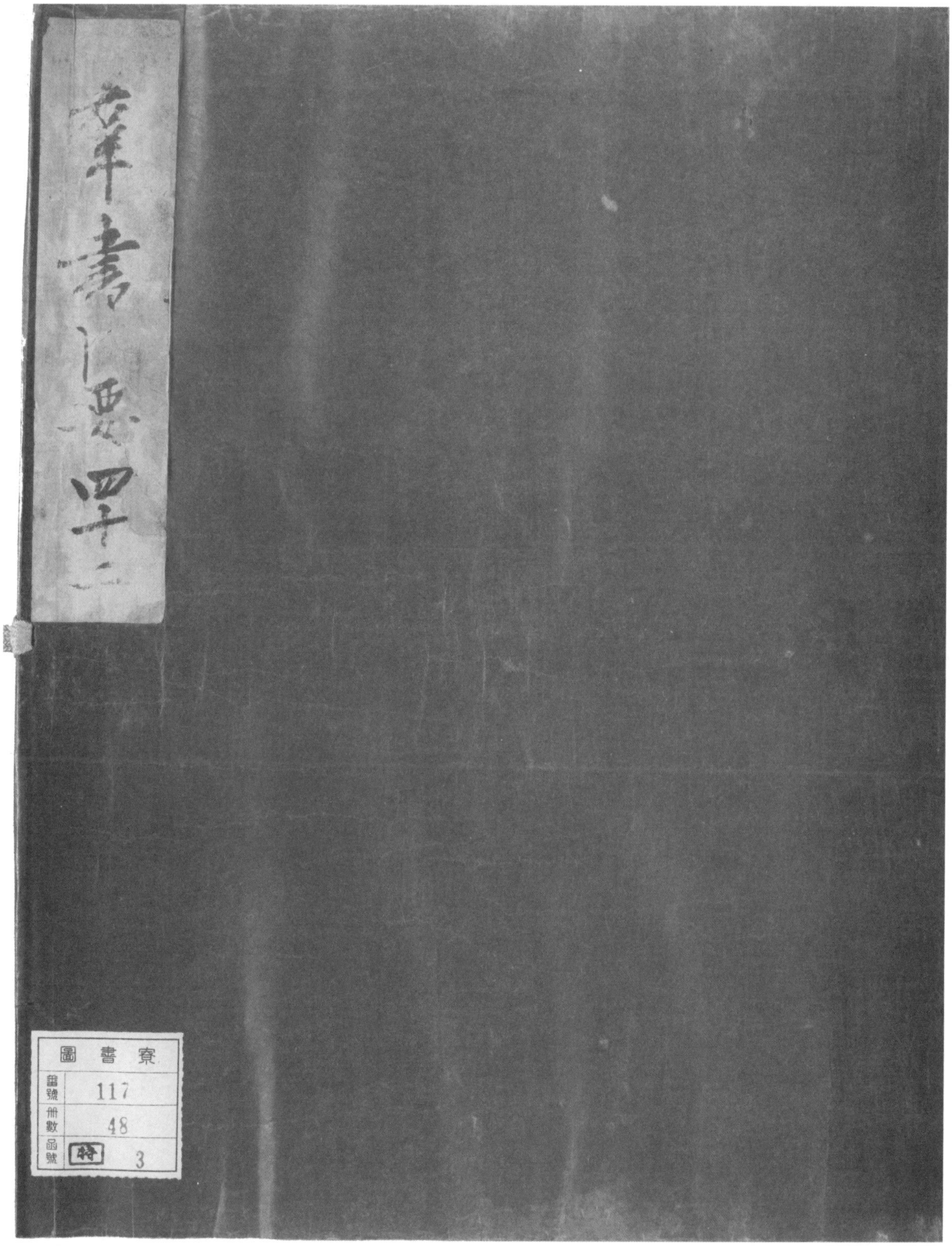
羣書治要四十二
圖書寮
番號 117
冊數 48
函號 特 3

【第一紙】

羣書治要卷第卌二　秘書監鉅鹿男臣魏徵等奉勑

鹽鐵論　新序

鹽鐵論

行遠道者假於車濟江海者因於舟故

賢士之立功成名因於資而假物者也

公輸子能因人主之材木以構宮室臺

榭而不能自為專屋狹廬材不足也

冶能因君之銅鐵以為金鑪大鍾而不

治能曰君之銅鐵以為金鑪大鍾而不
能自為壺斵杅無其用也君子能曰人
主之政朝以和百姓潤衆庶而不能自
饒其家勢不便也故舜耕於歷山恩不
及州里太公屠牛於朝歌利不及妻子
及其見用恩流八荒德溢四海故舜假
之堯太公因之周君子能脩身以假道
者不能枉道而假財也

相判
扁鵲不能治不受鍼藥之疾賢聖不能正

【第二紙】

相　判

扁鵲不能治不受鍼藥之疾賢聖不能正
不食善言之君故桀有關龍逢而夏亡紂
有三仁而商滅故不患無夷吾由余之
論患無桓穆之聽耳是以孔子東西無
所遇屈原放逐於楚國也故曰直道
而事人焉往而不三黜枉道而事人何
必去父母之邦此所以言而不見從行
不得合者也

後　刑

古者篤教以導民明辟以正刑刑之於治

後刑

古者篤教以導民明辟以正刑〻之於治
猶策之於御也良工不能無策而御有
策而勿用聖人假法以成教〻成而刑
不施故威厲而不殺刑設而不犯今廢
其紀綱而不能張壊其礼義而不
能防民陷於罪從而獵之以刑是猶
開其蘭牢發以毒矢也不盡不止曾
子曰上失其道民散久矣如得其情
則哀矜而勿喜夫不傷民之不治而

【第三紙】

則襄矜而勿喜夫不傷民之不治而
伐己之不能得姦猶弋者覩鳥獸挂罻
羅而喜也今天下之被誅者不必有管
蔡之邪鄧析之為也孔子曰人而不仁
疾之以甚亂也故民亂反之政政亂反
之身身正而天下定是以君子嘉善而
矜不能恩及刑人德潤窮夫施惠悅尒
行刑不樂也
周公之相成王也百姓饒樂國無窮人

【第三紙】

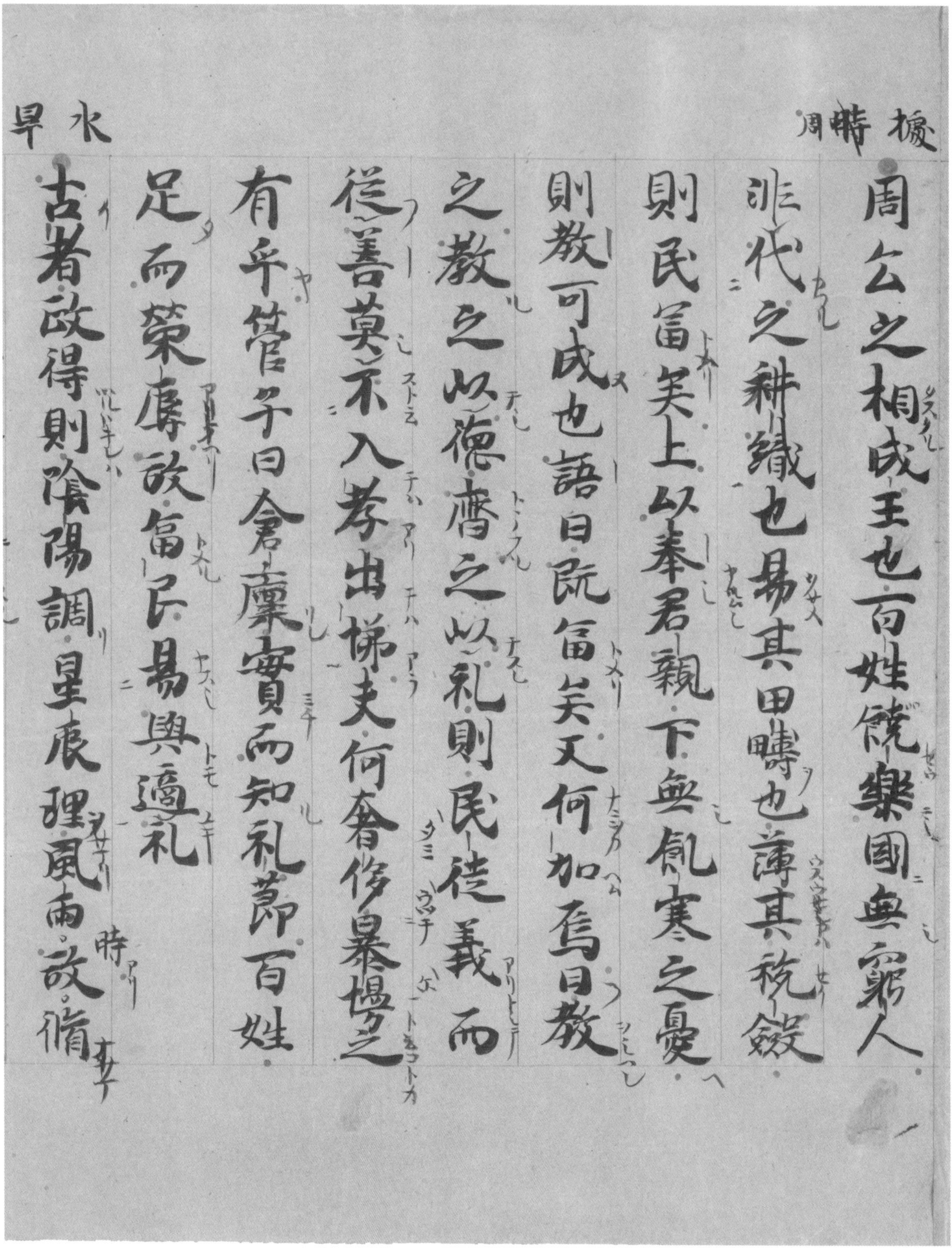

撿　疇　周

周公之相成王也百姓饒樂國無窮人
非代之耕織也易其田疇也薄其稅斂
則民富矣上以奉君親下無飢寒之憂
則教可成也語曰既富矣又何加焉曰教
之教之以德齊之以禮則民徙義而
從善莫不入孝出悌夫何奢侈暴慢之
有乎管子曰倉廩實而知禮節百姓
足而榮辱故富民易與適禮

水旱

古者政得則陰陽調星辰理風雨時故循

水旱

古者政得則陰陽調星辰理風雨故脩
行於内聲聞于外為之於下福應于天
周公載已而天下太平國無夭傷歲無
荒年當此之時雨不破塊風不鳴
條旬而一雨雨必以夜無丘陵高下
皆熟今不省其所以然而曰陰陽之運
也非所聞也孟子曰野有死殍不知收也
狗豕食人食不知斂也為民父母饑而
死則曰非我歲也何異乎以刃殺之則

【第四紙】

死則曰非我歲也何異乎以刃殺之則曰非我兵也方今之務在除飢寒之患罷鹽鐵退權利分土地趣本業食桑麻盡地力寡功節用則民自富如是則水旱不能憂凶年不能累也

崇礼

王者崇礼施德尚仁義而賤怪力故聖人絕而不言孔子曰言忠信行篤敬雖之蠻貊不可棄也今萬方絕國之君奉贄獻見者懷天子之盛德而欲觀中國之礼宜

見者懷天子之盛德而欲觀中國之礼宜
設明堂辟雍以示之揚干戚昭雅頌以風

【第五紙】

之今乃以玩好不用之器奇虫不畜
之獸角抵諸戲炫燿之物陳夸之殆与
周公之待遠方殊也昔周公處謙以卑士
執礼德以下天下辞越裳之贄見恭敬
之礼也既與入文王之廟是大孝之礼也目
覩威儀干戚之容耳聽清歌雅頌之聲心
充以至德欣然歸此四夷所以慕義内附

【第六紙】

充以至德倏然歸此四夷所以慕義内附
非重譯狄鞮來觀猶獸熊羆也夫犀象
南夷之所多也驢馲騾駞北狄之常畜也中
國所鮮外國賤之南越以孔雀珥門戶
昆山之旁以玉璞抵烏鵲今貴人之所賤
珍人之所饒非所以厚中國而明盛德
也隨和世之名寶也而不能安危存
亡故喻德示威唯賢臣良相不在戎馬
珍怪也是以聖王以賢為寶不以珠玉為寶

【第七紙】

珍怪也是以聖王以賢爲寶不以珠玉爲寶
昔晏子脩之罇俎之閒而折衝乎千里不
能者雖隨和滿匳無益於存亡矣
取下
衛靈公當隆冬興穿池海春以諫曰天寒
百姓凍餒願公之罷役也公曰天下寒
乎ゝ哉ゝ海春曰人之言曰安者不能恤
危飽者不能食飢故餘粱肉者難爲言
隱約處逸樂者難爲言勤苦夫高堂邃
宇廣夏洞房不知專屋狹廬上漏下濕

宇廣夏洞房不知專屋狹廬上漏下濕者之痛也繫馬百駟貨財充内儲陳納新者不知有旦無暮稱貸者之急也乘堅驅良列騎成行者不知負擔歩行者之勞也匡牀蒻席侍御滿側者不知服輅輓船登高絶流者之難也衣輕煖處溫室載安車者不知乘長城眺胡代向清風者之危寒也妻子好合子孫保之者不知老母之憔顇匹婦之悲恨也耳聽五音目視

【第八紙】

老母之燋顇返婦之悲恨也耳聽五音目視
弄優者不知蒙流矢推敵方外者之死也
東向伏几振筆而調文者不知木索之急箠
楚之痛也昔商鞅之任秦也刑人若刈菅茅
用師若彈丸從軍旅者暴骨長城戍漕者
輦車相望生而往死而還彼獨非人子耶
故君子仁以恕義以度所好惡與天下共之
繋之
地廣而不德者國危兵強而淩敵者身亡
虎兕相據而螻蟻得志兩敵相機而返夫

【第九紙】

虎兕相搏而螻蟻得志兩敵相機而漁夫
乘閑是以聖王見利慮害見遠存近

刑德

道使衆民不知所由也法令衆人不知所避
也故王者之制法也昭乎如日月故民不迷
曠乎若大路故民不惑幽隱遠方折乎知
之愚夫童婦咸知所避是故法令不犯而
獄犴不用也昔秦法繁於秋荼而網密於
凝脂然而上下相遁姦偽萌生有司治之
若救爛撲焦不能禁非因蹠而罪漏礼義

若救爛撲焦不能禁非罔疏而罪漏禮義
廢而刑罰任也方今律令百有餘篇文章
繁罪名重郡國用之疑惑或淺或深自吏
明習者不知所處而況愚民乎律令塵蠹
於棧閣吏不能徧覩而況愚民乎此斷獄
所以滋衆而民犯禁也親服之屬甚衆上
附下附而服不過五々刑之屬三千上殺下
殺而罪不過五故治民之道務篤於教也

申韓

法能刑人而不能使人廉能殺人而不能

【第十紙】

申韓

法能刑人而不能使人廉能殺人而不能
使人仁所貴良吏者貴其審消息而退
邪氣也非貴其下蔵石而鑽肌膚也所貴
良吏者貴其絶惡於未萌使之不爲非貴
其拘之囹圄而刑殺之也今之所謂良吏
者文察則以禍其民強力則以厲其下不
本法之所由生而專己之賊心文誅假法
以陷不辜累無罪以子及父以弟及兄一
人有罪州里驚駭十家奔亡若癰疽之相

人有罪州里驚駭十家奔亡若癰疽之相漫色淫之相連一節動而百枝搖詩云舍彼有罪既伏其辜若此無罪淪胥以鋪傷無罪而累也非患鉏耨之不利患其舍草而芸苗也非患無準平患其舍枉而繩直也故親近為過不必誅是鉏不用也疏遠有功不必賞是苗不養也故世不患無法而患無必行之法也

周秦

古者周其禮而明其教禮周教明不從者

【第十一紙】

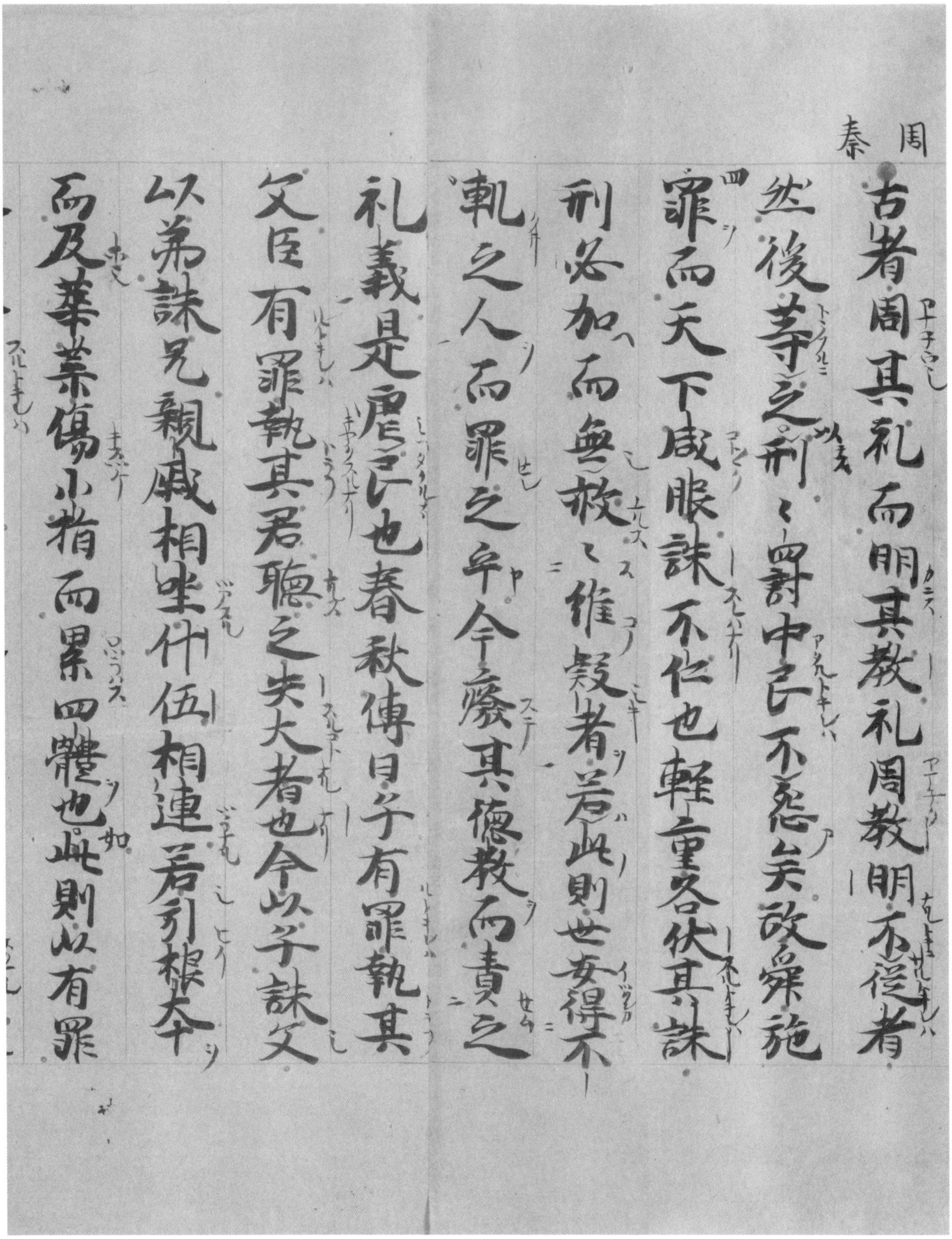

周
秦

古者周其礼而明其教礼周教明不從者
然後等之刑々罰中民不怨矣故舜施
罪而天下咸服誅不仁也軽重各伏其誅
刑必加而無赦々維疑者若此則世安得不
軌之人而罪之乎今廢其德教而責之
礼義是虐民也春秋傳曰子有罪執其
父臣有罪執其君聽之失大者也今以子誅父
以弟誅兄親戚相坐什伍相連若引根本
而及華葉傷小指而累四體也此則以有罪

而及華葉傷小指而累四體也如此則以有罪
反ゝ誅ゝ無ゝ罪ゝ則天下之無罪者寡矣故
吏不以多斷為良醫不以多刺為工子產
殺一人刑二人道不拾遺而民無詐心故為
民父母似養疾子長恩厚而已自首匿相坐
之法立骨肉之恩廢而刑罪多聞父母之於
子雖有罪猶若其不欲服罪尒子為父隱
父為子隱未聞父子之相坐也聞兄弟緩
追以免賊未聞兄弟之相坐也聞惡惡止其

追以免賊未聞兄弟之生也聞惡惡上其
人疾始而誅首惡未聞什伍而相坐也紂
爲炮格之刑而秦有收帑之法趙高以
峻文決罪於内百官以峭法斷割於外死者
相枕席刑者相望百姓側目重足不寒而
慄方此之時豈特冒火蹈刃哉父子相
背兄弟相嫚至於骨肉相殘上下相殺非
刑輕而罰不必令大嚴而仁恩不施也故
政寛則不親其上政嚴則臣謀其主晉厲

【第十二紙】

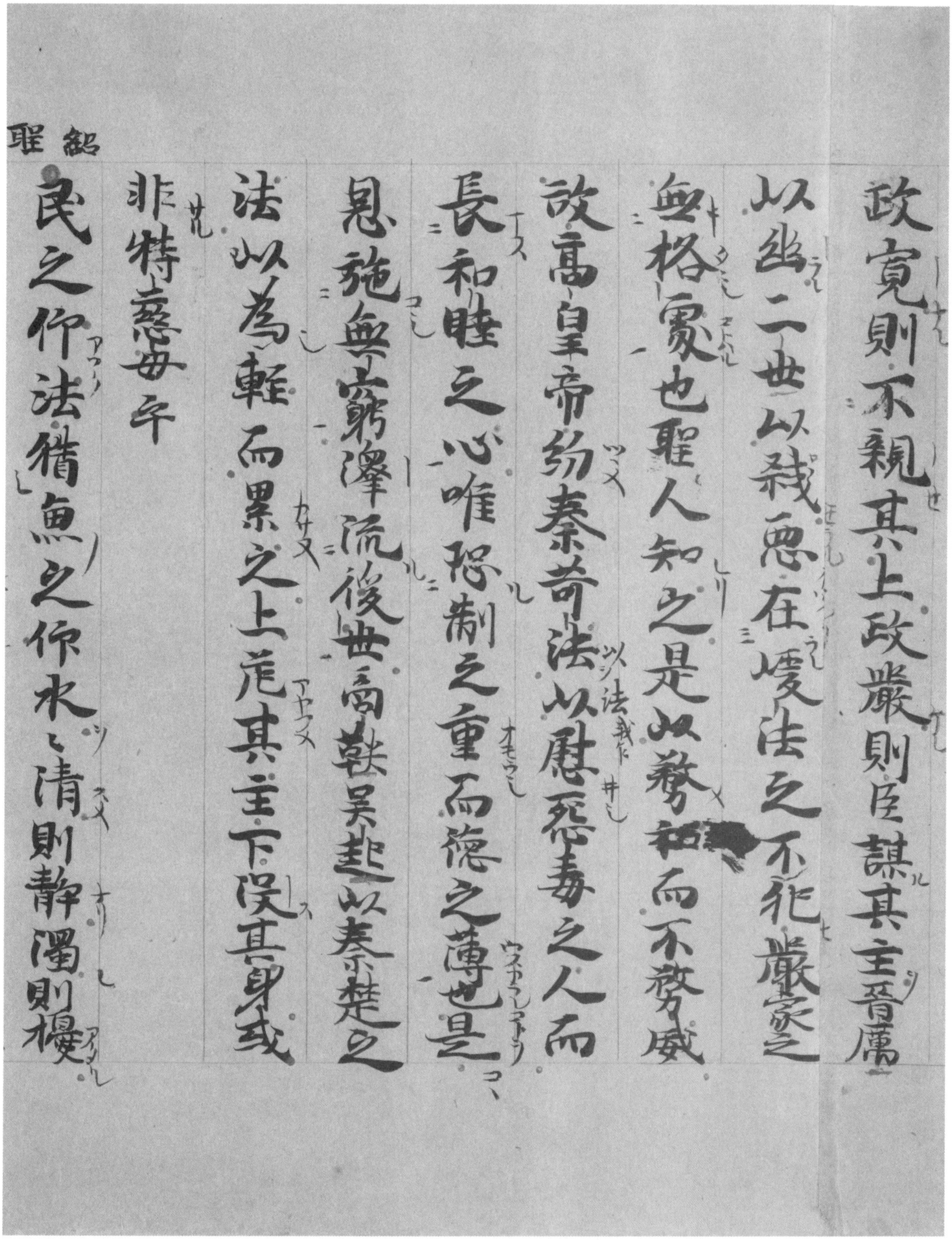

政寬則不親其上政嚴則臣謀其主晉厲
以幽二世以弑惡在峻法之不犯嚴家之
無格虜也聖人知之是以務和而不務威
故高皇帝約秦苛法以慰怨毒之人而
長和睦之心唯恐制之重而德之薄也是
恩施無窮澤流後世商鞅吳起以秦楚之
法以為輕而累之上危其主下沒其身或
非特慈母乎
民之仰法猶魚之仰水水清則靜濁則擾

紹聖

民之從法猶魚之從水〻清則靜濁則擾
〻則不安其居靜則樂〻其〻業〻則富〻
則仁生贍則爭止是以成康之世賞無所
施法無所加非可刑而不刑民莫犯禁也
非可賞而不賞民莫不仁也若斯則吏何
事而不理今之治民者若拙御之御馬也
行則頓之止則擊之身創於箠吻傷於銜
求其無失何可得也故敝馬不畏鞭箠敝
民不畏刑法雖增而累之其亡益乎古者

【第十三紙】

民不畏刑法雖增而累之其亡益乎古者
明其義之㫖使民不踰不教而殺是虐民
也與其刑不可踰不若義之不可踰也聞
礼義行而刑罰中未聞刑罰任而孝悌興
也高墻狭基不可立也嚴刑峻法不可久
也二世信趙高之計深督責而任誅斷刑
者半道死者日積殺人多者為忠斂民多
者為能百姓不勝其求黔首不勝其刑
海内同憂而俱不聊生故過任之事父不

海内同憂而倶不聊生故過任之事父不得於子無已之求君不得於臣知死不弃窮鼠齧狸匹夫奔萬乘舍人折弓陳勝呉廣是也聞不一朞而社稷爲虚悪在其能長制群下而久守其國也

新序　　劉向

雜事

楚恭王有疾召令尹曰常侍莞蘇與我處常忠我以義吾與處不安也不見不思也雖然吾有得也其功不細必爵之申侯伯

也雖然吾有得也其功不細必爵之申侯伯與我處常縱恣吾吾所樂者勸吾為之吾所好者先吾服之吾與處懽樂之不得則戚雖然吾終無得也其過不細必亟遣之令尹曰諾明日王薨令尹即拜筦蘇為上卿而逐申侯伯出之境外曰人之將死其言也善恭王之謂也孔子曰朝聞道夕死可矣於以開後嗣覺來世猶愈沒身不寤者也

【第十四紙】

者也
趙簡子上羊腸之坂群臣皆偏袒推車而
虎會獨擔戟行歌不推車簡子曰群臣皆
推車會獨擔戟行歌是會為人臣侮其主
為人臣侮其主者其罪何若對曰為人臣
而侮其主者死而又死簡子曰何謂死而
又死會曰身死妻子為徒若是謂死而
又死也君既已聞為人臣而侮其主者之罪
矣君亦聞為人君而侮其臣者乎簡子曰何若

矣君亦聞為人君而侮其臣者乎藺子曰何若
會曰為人君而侮其臣者智者不為謀辯
者不為使勇者不為鬭智者不為謀則社
稷危辯者不為使則不通勇者不為鬭則
邊境侵藺子曰善乃以會為上客
魏文侯與大夫坐問曰寡人何如君也群臣
皆曰君仁君也次翟黄曰君非仁君也曰子
何以言之對曰君伐中山不封君之弟而
封君之長子臣以知之非仁君也文侯怒而

【第十五紙】

封君之長子臣以知之非仁君也文侯怒而
出之次至任座文侯問曰寡人何如君也任
座對曰君仁君也曰子何以言之對曰臣聞之
其君仁者其臣直向翟黄之言直臣是以
知君仁君也文侯曰善復召翟黄
中行寅將亡乃召其太祝而欲加罪焉曰子
為我祝犧牲不肥澤耶且齋戒不敬耶使
國亡何也祝簡對曰昔者吾先君中行密子
皮車十乘不憂其薄也憂德義之不足也

皮車十乘不憂其薄也憂德義之不足也
今主君有革車百乘不憂德義之薄唯患
車之不足也夫舩車飾則賦〻斂〻厚〻則
民怨謗詛矣且君苟以為祝為有益於國乎
則詛亦將為損世亡矣一人祝之一國詛之一祝不勝萬詛國亡
不亦宜乎祝其何罪中行子乃慙
秦欲伐楚使〻者往觀楚之寶器楚王聞之
召令尹子西而問焉曰秦欲觀楚之寶器
吾和氏之璧隨侯之珠可以示諸令尹子

吾和氏之璧隨侯之珠可以示諸令尹子而對不知也召昭奚恤而問焉昭奚恤曰此欲觀吾國得失而圖之寶器在賢臣珠玉玩好之物非寶之重者也王遂使昭奚恤應之昭奚恤為東面之壇一為南面之壇四為西面之壇一秦使者至昭奚恤曰君客也請就上位東面令尹子西南面太宗子牧次之葉公子高次之司馬子發次之昭奚恤自居西面之壇稱曰客欲觀楚之寶器

【第十六紙】

恒自居西面之壇稱曰客欲觀楚之寶器
楚國之寶者賢臣也理百姓實倉廩使
民各得其所令尹子西在此奉珪璧使諸侯
解忿悁之難交兩國之懽使無兵革之憂
太宗子牧在此守封疆謹境界不侵鄰國
鄰國亦不見侵葉公子高在此理師旅整
兵戎以當彊敵提枹鼓以動百萬之衆使
皆趣湯火蹈白刃出萬死不顧一生司馬
子發在此懷霸王之餘議攝治亂之遺風

子發在此懷霸王之餘議攘治亂之遺風
昭奚恤在此唯大國之所觀秦使者瞿然無
以對使者反言於秦君曰楚多賢臣未可謀
也遂不伐楚昔者唐虞崇舉九賢布之於位
而海內大康要荒來賓麟鳳在郊商湯用
伊尹而文武用太公閎夭成王任周邵而海
內大治越常重譯祥瑞並降遺安千載
皆由任賢之功也無賢臣雖五帝三王不能
以興齊桓得管仲有霸諸侯之榮失管仲

【第十七紙】

以與齊桓得管仲有霸諸侯之榮失管仲
而有亂亡之辱虞不用百里奚而亡秦穆
用之而霸楚不用子胥而破吳王闔廬用
之而霸夫差非徒不用子胥也又殺之而
卒以亡燕昭王用樂毅推弱燕之兵破疆
齊之讎屠七十城而惠王廢樂毅更代以
騎劫立破亡七十城此父用之子不用其
事可見也故闔廬用子胥而興夫差殺之
而以亡昭王用樂毅惠王逐之而以敗此

而以臣昭王用樂毅以勝惠王逐之而以敗此
的〻然若白黑也秦不用叔孫通項王不
用陳平韓信而皆滅漢用之而大興此未
遠也夫失賢者其禍如彼用賢者其福如此君
莫不求賢以自輔然而國以亂亡者所謂
賢者不賢也或使賢者為之與不肖者議
之使智者圖之與愚者謀之不肖嫉賢愚
者妬智是賢者之所以隔蔽也所以千歲
不合者也或不肯用賢或用賢而不能久也或

不合者也或不肯用賢或用賢而不能久也或
久之而不能終也或不肖子廢賢父之忠臣
其禍敗難一二録也然其要在於己不明而
聽衆口也故譖訴不行斯為明矣魏龐恭與
太子質於邯鄲謂魏王曰今一人言市中有
虎王信之乎王曰不也曰二人言王信之乎
曰寡人疑矣曰三人言之乎曰寡人信之矣龐
恭曰夫市之無虎明矣三人言而成虎今邯
鄲去魏遠於市而議臣者過於三人願王察之也魏王

【第十八紙】

戰去魏遠於市議臣者三人願王察之也魏王曰寡人知之矣及龐共自邯鄲反讒口果至矣遂不得見昔者鄒忌以鼓琴見齊宣王ゝ善之與語三日遂拜以為相有稷下先生淳于髡之屬七十二人乃相與俱往見鄒忌曰狐白之裘補之以弊羊皮何如忌曰諾請不敢雜賢以不肖髡曰方內而圓釭何如忌曰諾請謹門戶不敢留客髡等曰三人共牧一羊ゝ不得食人不得息何如忌曰諾請

牧一羊〻不得食人不得息何如宣曰諾請
臧吏省負使無擾民厚于髡等三辭辭起
三知之如應響淳于髡等辭詘辭而去
梁君出獵見白鴈群梁君下車彀弩欲射之
道有行者梁君謂行者止行者不止白鴈群
駭梁君怒欲射行者其御公孫龍下車撫
矢曰君止梁君忿然作色而怒曰龍不與其
君而顧與他人何也公孫龍對曰昔者
齊景公之時大旱三年卜之曰必以人祠乃

【第十九紙】

齊景公之時大旱三年卜之曰必以人祠乃
雨景公曰凡吾所以求雨者為吾民也今必
使吾以人祠乃且雨寡人將自當之言未
卒而天大雨方千里何也為有德於天而
惠於民也今主君以白鴈之故而欲射殺
之無異於虎狼梁君援其手與上車歸入郭門呼萬歲曰幸
哉今日也人獵皆得禽獸吾獵得善言而歸
晉文公出田逐獸碭入大澤迷不知所出其
中有漁者文公謂曰我若君也道安從出漁者

中有漁者文公謂曰我若君也道安從出漁者
曰臣願有獻文公曰出澤而受之於是送出澤
漁者曰鴻鵠保河海之中厭而欲移之
小澤則必有丸矰之憂黿鼉保深淵厭而
出之淺渚則必有羅罔釣射之憂今君逐獸
入至此何行之太遠也文公曰善哉謂從者
記漁者名漁者曰君何以名為君其尊天事地
敬社稷固四國慈愛萬民薄賦斂輕租稅者
臣亦與焉君不敬社稷不固四國外失禮於諸

臣亦與焉君不敬社稷不固四國外失禮於諸
侯内逆民心一國流臣漢者雖有厚賜不得
保也遂辭不受曰君亟歸國臣亦反漢所
文公逐麋而失之問農夫老古曰吾麋何
在老古以足指曰如是往矣文公曰寡人問
子子以足指何也老古振衣而起曰豈不
意人君之如此也虎豹之居也厭閒而近人
故得魚鼈之居也厭深而之淺故得諸侯
厭衆而亡其國詩曰維鵲有巣鳩鳩居之

【第二十紙】

獻衆而臣其國詩曰維鵲有巢鳲鳩居之
君不歸人將居之矣於是文公恐歸遇欒
武〻子〻曰獵得獸乎侯有悅色文公曰吾
逐麋而失之得善言故有悅色武子曰其
人安在曰吾未與來武子曰居上位而不䘏
其下驕也緩令急誅暴也取人之言而棄其
身盜也文公曰善還車載老古與俱歸
魏文侯出遊見路人反裘而負芻文侯
曰胡為反裘而負芻對曰臣愛其毛文侯

曰胡為反裘而負芻對曰臣愛其毛文侯
曰若不知其裏盡而毛無所恃耶明年東
陽上計錢布十倍大夫畢賀文侯曰此非
所以賀我也辟無異夫路人反裘而負芻也
將愛其毛不知其裏盡毛無所恃也今吾田
地不加廣士民不加衆而錢十倍必取之士
大夫也吾聞之下不安者其上不可居此非
所以賀我也齊有婦人極醜號曰無鹽女臼
頭深目長壯大節卬鼻結喉肥項少髮折

【第二十一紙】

頭深目長壯大節卬鼻結喉肥項少髮折
腰出胷皮膚若漆行年卅無所容入於
是乃自詣宣王曰妾齊之不售女也聞君
王之聖德願備後宮之埽除謁者以聞宣
王方置酒於漸臺左右聞之莫不掩口而
咲曰此天下强顏女子也於是宣王乃召而
見之但揚目銜齒舉手拊肘曰殆哉如
此者四宣王曰願遂聞命對曰今大王之君
國也西有衡秦之患南有強楚之讎外有

國也而有衛秦之患南有強楚之讎外有
三國之難内聚姦臣衆仁不附春秋卅壯男
不立故不務衆婦尊所好而忽所恃一旦山
陵崩弛社稷不定此一殆也漸臺五重黄
金白玉琅玕珠璣莫落連飾萬民疲極此
二殆也賢者伏匿於山林諂諛強於左右
耶偽立於本朝諫者不得通入此三殆也酒
漿流湎以夜續朝女樂俳優從横大笑外
不脩諸侯之礼内不秉国家之治此四殆

不脩諸侯之礼内不事国家之治此四殆
也故曰殆〻哉〻於是宣王掩然無聲喟然
而嘆曰痛乎無鹽君之言乃今壹聞寡
殆幾不全也於是立停漸臺罷女樂退諂
諛去雕琢選兵馬實府庫招進直言延及
側陋擇吉日立太子拜無鹽君以為王后
而齊国大安醜女之功也

雜事

有司請吏於桓〻公〻曰以告仲父有司又請桓

【第二十二紙】

有司請吏於桓ゝ公ゝ曰以告仲父有司又請桓
公曰以告仲父若是者三在側者曰一則告仲
父二則告仲父易哉為君桓公曰吾未得仲
父難已得仲父之後則曷為不易也故王
者勞於求賢逸於得人舜舉衆賢在位垂
衣裳恭己無為而天下治湯文用伊呂成王
任周邵刑措不用ゝ衆賢故也
公季成謂魏文侯曰田子方雖賢人然而非
有土君也君常與之齊禮假之有賢於子方

有土之君也君常與之齊禮假之有賢於子方
者君何以加之文侯曰如子方者非成之所得議
也子方仁々人々也々國之寶也智々士々
士也者國之器也博通之士也博通之士也者
國之尊也故國有仁人則群臣不爭國有智
士則無四隣諸侯之患國有博通之士則人
主尊固非成之所得議也乃季成自退於郊
孟嘗君問於白圭曰魏文侯名過於齊桓焉
功不及五伯者何白圭對曰文侯師子夏友田子

【第二十三紙】

功不及伯者何白圭對曰文侯師子夏友田子
方敬段干木此名之所以過於桓公也相則
曰成與黃孰可此功之所以不及五伯也以
私愛妨公舉在職者不堪其事故功廢也
然而名號顯榮者三士翊之也如相三士則
王功成豈特霸哉
晉平公問於叔向曰昔齊桓公九合諸侯一
匡天下不識其君之力乎其臣之力乎叔向對
曰管仲善制割隰朋善削賓胥無善純

曰管仲善制割隰朋善削縫賓胥無善純
緣桓公知衣而已亦其臣之力也師曠侍曰臣
請譬之以五味管仲善斷割之隰朋善煎
熬之賓胥無善齊和之羹已熟矣奉而進
之而君不食誰能強之亦其君之力也
晉文公田於虢遇一老夫而問曰子處此故
也虢亡其有說乎對曰虢君斷則不能讒
無不與也不能斷人不能用人此虢之所以
亡也文公輟田而歸遇趙衰告而之衰曰古

臣也文子轂田而歸過趙襄告而之襄告
之君子聽其書而用其身今之君子聽其
而棄其身長歎晉國之憂也文公乃賞之
於是晉國樂納善言文公卒以霸也
晉平公過九原而歎曰嗟乎此地之蘊吾
良臣多矣若使死者可起也吾將誰與歸
乎叔向對曰趙武乎公曰子黨於子之師也
對曰臣不敢趙武之為人也立若不勝衣
言若不出口然其身所舉士於白屋下者

【第二十四紙】

言若不出口然其身所舉士於白屋下者
卌六人是其無私德也臣故以爲賢也乎
曰善周文王作靈臺及爲池沼掘地得死
人之骨吏以聞於文王文王曰更葬之吏曰無
主矣文王曰有天下者天下之主也有一國
者一國之主也寡人固其主又安求主遂
令吏以衣棺更葬之天下聞之皆曰文王
賢矣澤及朽骨又況於人乎或得寶危
國文王得朽骨以喻其意而天下歸心焉

國文王朽骨以喻其意而天下歸心焉
寧戚欲干齊桓公窮困無以自進於是為商
旅賃車以適齊暮宿於郭門之外桓公郊
迎客夜開門辟賃車寧戚飯牛於車下
擊牛角疾高歌桓公聞之曰異哉此歌者
非常人也命後車載之桓公反寧戚見說桓
公以全境內明日復見說桓公以為天下桓公
大悅將任之而群臣爭之曰客衛人去齊不
遠不若使人問之而賢也用之未晚也桓公

【第二十五紙】

遠不若使人問之而賢也用之未晚也桓公曰不然問之恐有小惡忘人之大美此王之所以失天下之士也且人固難全權用其長者遂舉而授之以為卿當此舉也桓公得之矣得所以成霸也

齊桓公見小臣稷一日三至不得見從者曰萬乘之主見布衣之士一日三至而不得見亦可以止矣桓公曰不然士之傲爵祿者固輕其主傲霸王者亦輕其士縱夫子傲爵祿吾

主傲霸王者亦輕其士縱夫子傲爵祿吾
庸敢傲霸王乎五往而後得見天下聞之皆
曰桓公猶下布衣之士而況國君乎於是相
率而朝靡有不至魏文侯過段干木之閭而
軾其僕曰君何為軾此非段干木之閭與段
干木蓋賢者吾安敢不軾且段干木光于德
寡人光于地段干木富乎義寡人富乎財地不
如德財不如義寡人當事之者也遂致祿百
萬而時問之國人皆喜居無幾何秦興兵而

萬而時閒之國人皆善居無幾何秦興兵而
欲攻魏司馬唐諫秦君曰段干木賢者也而魏
禮之天下莫不聞無乃不可加兵乎秦君以
爲然乃案兵而輟不攻魏文侯可謂善用兵
矣夫君子之用兵也莫見其刑而功已成此之
謂也野人之用兵也鼓聲則似雷號呼則動
地塵氣充天流矢如雨扶傷轝死履腸涉血
無罪之民其死者量於澤矣而國之存亡
主之死生猶未知也其離仁義亦遠矣

【第二十六紙】

主之死生猶未知也其離仁義亦遠矣
晉平公問於叔向曰國家之患孰爲大對
曰大臣重祿而不極諫近臣畏罪而不敢
言下情不上通此患之大者也公曰善
子張見魯哀公七日哀公不禮託僕夫
去曰臣聞君好士故不遠千里之外百舍
重趼不敢休息以見君見七日而君不禮君
之好士也有似葉公子高之好龍也葉公子
高好龍鉤以寫龍於是天龍聞而下之
鑿以寫

鑿以寫龍屋室雕文以寫龍

已上十二字今書有

孟子注曰雪宮離宮之名

高好龍，鈎以寫龍，於是也天龍聞而下之，窺頭於牖，拖尾於堂。葉公見之，弃還走，失其䰟。是葉公非好龍也，好夫似龍而非龍者也。今臣聞君好士，故不遠千里之外以見君也，七日不禮，君非好士也，好夫似士而非士者也。詩曰，中心藏之，何日忘之。敢託而去。孟子見齊宣王於雪宮，王左右顧曰，賢亦有此樂耶。孟子對曰，有人不得則非其上矣，不得而非其上者非也，為人上者而不与民同樂者亦

其上者非也為人上者而不与民同樂者亦
非也樂民之樂者人亦樂其樂憂人之憂者
民亦憂其憂樂以天下憂以天下然而不王
者未之有也
鄒穆公有令食鳧鴈者必以粃無以粟於
是倉粃盡而求易於民二石粟而得一石粃吏
以費請以粟食之穆公曰去非汝所知也夫百姓
暴背而耕勤而不敢惰者豈為鳥獸也哉
粟米人之上食也奈何其以養鳥且汝知小

米粟人之上食也奈何其以養鳥且汝知小利而不知大會也周諺曰囊漏褚中汝獨不聞耶夫君者人之父母也取倉之粟移之於民此非吾粟耶鳥食之秕不害鄒之粟而已粟之在倉與在民於我何擇耶子聞之皆知其私積之與公家爲一體也此之謂知富國矣

諫乞

晉有田巴先生者行脩於内智明於外齊王聞其賢聘而將問政焉田巴先生改制新衣髴

其賢卑而將問政焉田巴先生改制新衣驕
飾冠帶顧謂其妾曰何若其妾曰佼將出門
問其從者何若從者曰佼過於淄水自闚醜惡
甚矣遂見齊王齊王問政焉對曰政在正〻
身〻之外在於群臣今者大王召臣臣改制
驕飾將造門問於妾〻愛臣諛臣曰佼將出門
問從〻者〻畏臣曰佼臣臨淄水觀然後
自知醜惡也今齊之臣妾諛王者非特二人
也王能臨淄水見己之惡過而自改斯齊國

【第二十八紙】

也王能臨淄水見己之遇而自改斯齊國
治矣

猛政

臧孫行猛政子貢非之臧孫召子貢而問曰
我不法耶曰法矣我不廉耶曰廉矣我不能
事耶曰能事矣臧孫曰三者吾唯恐不能盡
能之子尚何非耶子貢曰子法矣好以害人
子廉矣好以驕上子能事矣好以陵下夫
政者猶張琴瑟也大絃急則小絃絶矣是以
位尊者德不可以薄官大者治不可以小

位尊者德不可以薄官大者治不可以小
地廣者制不可以狹民衆者法不可以苛
天性然也故曰罰得則姦耶上矣賞得則下
勸悅矣由此觀之子則賤心已見矣獨不聞夫
子產之相鄭乎其論材推賢舉能也抑惡而
揚善故有大略者不問其所短有德厚者
不問其小疵有大功者宿德喊息成人之美不
成人之惡也其牧民之道養之以仁教之以
禮使之以義循法練教必導民所樂故從

【第二十九紙】

禮使之以義循法練教以道民所樂故從
其便而處之因其所欲而與之順其所好
而勸之賞之疑者從重罰之疑者從輕其罰
審其賞明其刑省其德施治約而教化
行矣治鄭七年而風俗和平災害不生國
無刑人囹圄空虛老死國人聞之皆叩心流
涕曰子產已死吾將安歸夫使子產命可
易吾不愛家一人其生則見其愛其死爲
可悲仕者哭於廷商人哭於市農人哭於野

可悲仕者矣於廷高人矣於市農人矣於野處安矣於室良人絶琴瑟大夫解佩玦婦人脱簪珥背巻矣然則思者人怨之道也君子之治始於不足見而終於不可及此之謂也蓋徳厚者報美怨大者禍深故曰徳莫大於仁而禍莫大於刻夫善不可以為求而悪不可以亂去今子有病已書而相賀曰臧孫子已病矣其将死子之病少愈而已以相懼曰臧孫子之病久愈矣何吾命之不

以相懼曰臧孫子病久矣何吾命之不幸也臧孫子又不死矣子之死也人以相喜生也人以相駭子之賊心亦甚深矣爲政若此如之何不非也於是臧孫子慙退而避位

和政

子路治蒲三年孔子過之入其境曰善哉由乎恭敬以信矣入其邑曰善哉由乎忠信以寬矣至於其廷曰善哉由乎明察以斷矣子貢執轡而問曰夫子未見由而三稱其善

【第三十紙】

子貢執轡而問曰夫子未見由而三稱其善
可得聞乎孔子曰我入其境田疇盡易草
萊甚闢溝洫甚深此其恭敬以信故其
民盡力也入其邑墻屋甚樹木甚茂此忠
信以寬故其民不偷也入其庭〻甚閑此明
察以斷故其民不擾也

群書治要卷第卅二

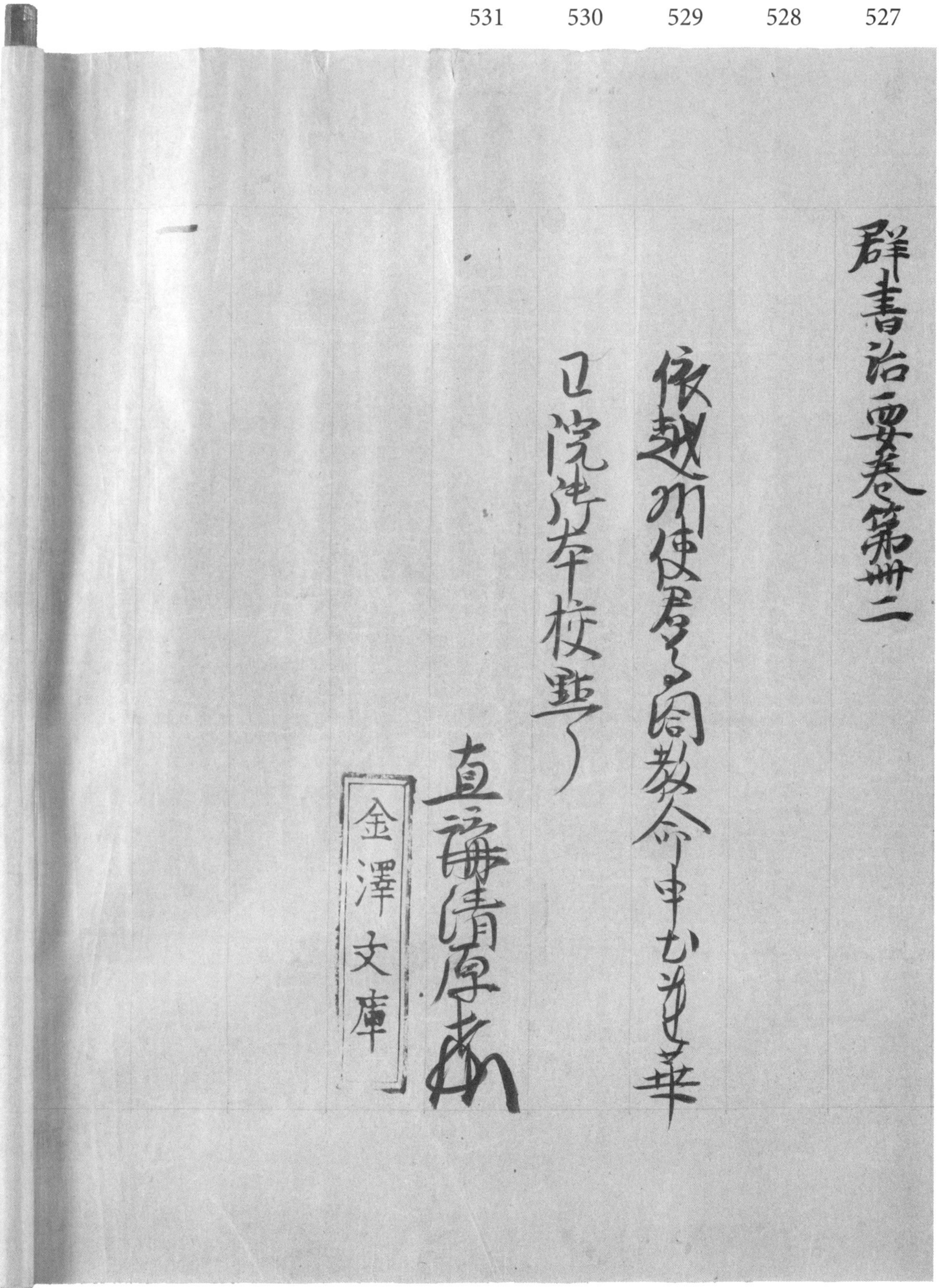

群書治要卷第卌二

依越州使君之尊閤教命申出蓮華

王院寶本校點了

直講清原教隆

羣書治要四十三
圖書寮
番號 117
册數 48
函號 時 3

【第一紙】

群書治要卷第卌三　秘書監鉅鹿男臣魏徵等奉　勅撰

說苑　劉向

君道

河間獻王曰堯存心於天下加志於窮

民痛万姓之罹罪憂衆生之不遂也有一民

【第二紙】

飢則曰此我飢之也有一民寒則曰此我寒

之也一民有罪則曰此我陷之也仁而昭義

德博而化廣故不賞而民勸不罰而民治先恕

德博而化廣故不賞而民勸不罰而民治先恕
而後教是堯道也河間獻王曰禹稱民無食
則我不能使也功成而不利於民則我不能勸也疏
河而道之江鑿通於九路灑五湖而定東海
民亦勞矣然而不怨者利歸於民也禹出見罪
人下車問而泣之左右曰罪人不順道使然君王何
為痛之至此也禹曰堯舜之民皆以堯舜之心為
心今寡人為君也百姓各自以其心是以痛之也
當堯之時舜為司徒契為司馬禹為司空后稷

【第三紙】

當堯之時舜為司徒契為司馬禹為司空后稷為田疇夔為樂正倕為工師伯夷秩宗皐陶為理益掌驅禽堯不能為一焉為君而九子者為臣其何故也堯知九職之事使九子各受其事皆勝任以成功堯遂乘成功以王天下是故知人者王道也知事者臣道也知事毋亂舊法而天下治矣明主者有三懼一曰處尊位而惡不聞其過二曰得意而驕三曰聞天下之至言而惡不能行師經鼓琴魏文侯起舞

之至言而恐不敢行師經鼓琴魏文侯起舞
賦曰使我言而無見違師經援琴而撞文侯不
中中旒潰之文侯顧謂左右曰為人臣而撞其君
其罪何如左右曰罪當烹提師經下堂一
等師經曰臣可得一言而死乎文侯曰可
師經曰臣昔堯舜之為君也唯恐言而人不
違桀紂之為君也唯恐言而人違之臣撞桀紂
非撞吾君也文侯曰釋之是寡人之過也
懸琴於城門以為寡人寡人符不補旒為

【第四紙】

懸琴於城門以爲寡人寡人符不補琴爲
寡人戒

臣術

人臣之行有六正則榮犯六邪則辱何謂六
正一曰萌牙未動形兆未見昭然獨見存亡
之機得失之要豫禁乎未然之前使主超
然立乎顯榮之處如此者聖臣也二曰虛心白
意進善通道勉主以禮義諭主以長策將順
其美匡救其惡如此者大臣也三曰夙興

其義匡救其惡如此者大臣也三曰夙興
夜寐進賢不懈數稱於往古之行事以厲
主意如此者忠臣也四曰明察極見成敗早
防而救之塞其閒絶其源轉禍以爲福君終
已無憂如此者智臣也五曰文奉法任官職
事不受贈遺食飲節儉如此者貞臣也六曰國
家昏亂所爲不諛敢犯主之嚴顏面言主
之過失如此者直臣也是謂六正也何謂六邪
一曰安官貪祿不務公事與世浮左右觀望

一曰安官貪祿不務公事與世浮沈左右觀望
如此者具臣也二曰主所言皆曰善主所爲皆曰可隱
而求主之所好而進之以快主之耳目偷合苟容
與主爲樂不顧其後害如此者諛臣也三曰中
實險詖虛險又詖義又諂詖巧佞也佞也讒佞之言也外貌小謹巧言令色又心疾賢所欲
進則明其美隱其惡所欲退則明其過匿
其美使主賞罰不當号令不行如此者姦臣
也四曰智足以飾非辯足以行說內離骨肉之親
外妬亂朝廷如此者讒臣也五曰專權擅勢以爲

【第五紙】

外妬亂朝廷如此者讒臣也五曰專權擅勢以爲
輕重私門成黨以冨其家擅爲主命以自
顯貴如此者賊臣也六曰諂主以邪墜主不
義朋黨比周以蔽主明使白黑無別是非无
聞使主惡布於境内聞於四隣如此者亡國之
臣也是謂六邪賢臣處六正之道不行六邪
之術故上安而下治生則見樂死則見思
人臣之術也湯問伊尹曰三公九卿大夫列士
其相去何如對曰智通於大道應變而

其相去何如對曰智通於大道應變而
不窮辯於萬物之情其言足以調陰陽
四時節風雨如是者舉以爲三公故三公之
事常在於道也其四時通於地理能通不
通能理利如此者舉以爲九〻卿〻之事常
在於德也通於人事行猶舉繩通於關梁
實於府庫如是者舉以爲大〻夫〻之事常在
仁也忠正强諫而無有姦去私立公而言有
法度如是者舉以爲列〻士〻之事常在於義

法度如是之者舉以為列〻士〻之事常在於義
也故道德仁義定而天下正凡此者四明主為
不臣湯曰何謂臣而不臣對曰君之所不名
臣者四諸父臣而不名諸兄臣而不名先王之
【第六紙】
臣而不名盛德之士臣而不名是謂大〻
順也
【第七紙】
貴德
聖人之於天下也譬猶一堂之上也今有
滿堂飲酒者有一人獨索然向隅而泣則一〻

滿堂飲酒者有一人獨索然向隅而泣則一
堂之人皆不樂矣聖人之於天下也譬猶
一堂之上也有一人不得其所者則孝
不敢以其物薦進也
復恩
晉文公亡時陶叔狐從文公反國三行賞
而不及見咎犯曰吾從君而亡十有三年
黎黑　胼胝
顔色黎黑手足胼胝今君反國三行賞而不
及我意者君忘我有大故與咎犯言之文

及我意者君忘我有大故與咎犯言之文公文公曰嘻豈我忘是子哉夫導我以道説我以仁明我名使我爲成人吾以爲上賞防我以禮諫我以義使不得爲非者吾以爲次賞勇壯強禦難在前則居前難在後則居後免我於患難中吾復以爲賞且子獨不聞乎死人者不如存人身亡人者不如存人之國三行賞之後而告勞之士次之乎固爲首矣吾豈敢忘子哉周内史興聞之曰文公其霸乎者

【第八紙】

豈敢忘子哉周内史興聞之曰文公其霸乎者
者昔聖王先德後力文公其當之矣
楚莊王賜羣臣酒日暮華燭滅乃有引
美人衣者美人援絶其冠纓告王曰今燭
滅有引妾衣者得其纓援持之矣促上火
視絶纓者王曰賜人酒使醉失礼奈何欲
顯婦人節而欲辱士乎乃命左右今与寡
人飲不絶冠纓者不懽君臣皆絶纓而
上火盡懽而罷居二年夫盡懽而罷

上火盡歡而罷居二年夫盡歡而罷
居二年晉與楚戰有一臣常在前五合五
獲首而却敵卒得勝之莊王怪而問之曰
臣往者醉失禮王隱忍不暴而誅常願
肝腦塗地用頸血湔敵久矣臣乃夜絕
纓者也
陽虎得罪北見簡子曰自今已來不復
樹人矣簡子曰何哉對曰夫堂上之人臣所
樹者過半矣朝廷之吏臣所立者亦過半矣

【第九紙】

樹者過半矣朝廷吏臣所立者亦過半矣
邊境之士臣所立者亦過半矣今夫堂上
之人親劫臣於君朝廷之吏親危臣於法
邊境之士親劫臣於兵蘭子曰唯賢者
為能復恩不肖者不能夫樹桃李者夏
得休息秋得食焉樹蒺藜者夏不得休
息秋得其刺焉今子之所樹者蒺藜
也藜也桃李也自今以来擇人而樹之
毋已樹而擇之也

毋已樹而揮之也

政理

政有三品王者之政化之霸者之政威之彊

國之政脅之夫此三者各有所施而化之爲

貴矣夫化之不變而後威之威之不變

而後脅之脅之不變而後刑之夫至於刑

者則非王者之所貴也是以聖王先德教而

後刑罰立榮恥而明防禁崇禮義之節以示

下賤貨利之弊以變之則下不莫義節

下賤貨利之弊以變之則下不慕義節之榮而惡貪亂之耻其所由教之者化使然也治國有二機刑德是也王者尚其德而稀其刑霸者刑德並湊強國先其刑而後其德夫刑德者化之所興德者養善而進之者也刑者懲惡而禁後者也故德化之者也刑者懲惡而禁後者也故德化之崇者至於賞刑罰之甚者至於誅夫誅賞所以別賢不肖而列有功與無功也誅

【第十紙】

賞所以別賢不肖而列有功與無功也誅
賞繆則善惡亂矣夫有功不賞則善不
勸矣有惡而不誅則惡不懼矣善不勸
而能以行化乎天下者未嘗聞也
齊桓公逐鹿而走入山谷之中見一老公
問之曰是為何谷對曰為愚公之谷也公
曰何故對曰以臣名之公曰何為以公名之
對曰臣故畜牸牛子大賣之而買駒少年
曰牛不能生馬遂持駒去旁隣聞之以臣

【第十一紙】

曰牛不能生馬遂持駒去傍隣聞之以臣
為愚故名此谷為愚公之谷桓公曰誠愚矣
何為而與之桓公遂歸以告管仲曰此夷
吾之過也使堯在上咎繇為理安有取人
之駒見暴如此叟者也是公知獄訟不正
故與之耳請退而脩政孔子曰弟子記之
桓公霸君也管仲賢佐也猶有以智為
愚者況不及桓公管仲者乎宓子賤治
單父彈鳴琴身不下堂而單父治巫

【第十二紙】

單父彈鳴琴身不下堂而單父治巫
馬期亦治單父以星出以星入日夜不處
以身親之而單父亦治巫馬期問其
故於子賤子賤曰我之謂任人子之謂任力任
力者固勞任人者逸也人曰宓子賤則君子
矣逸四支全耳目平心氣而百官治巫馬
期則不然弊性事情勞煩教詔雖治
猶未至也
論語云孔安國曰子賤魯人弟子宓子
孔子謂宓子賤曰子治單父而衆悅語

論語云孔安國曰子賤魯人弟子宓不齊

孔子謂宓子賤曰子治單父而衆悅語
丘所以爲之者曰不齊父其父子其子恤
諸孤而哀喪紀孔子曰善小節也小人附矣
猶未足也曰不齊所父事者三人所兄事者
五人所友者十一人孔子曰父事三人可以敎
孝矣兄事五人可以敎悌矣友十一人可以擧
矣中節也中民附矣猶未足也曰民有
賢於不齊者五人不齊事之皆敎不齊所以治之術孔子
曰欲其大者乃於此在矣昔者堯舜清微其身

曰碌其大者乃於此在矣昔者堯舜清微其身
務來賢人夫與賢者百福之宗也而神明之
主也惜也不審之所治者小所治者大其眞
堯舜繼矣齊桓公問於管仲曰國何患對曰
患夫社鼠桓公曰何謂也對曰夫社束木而塗
之鼠因託焉熏之則恐燒其木灌之則恐壞
其塗此鼠所以不可得殺者以社故也
夫國亦有社鼠人主左右是也内則蔽善
惡於君上外則賣權重於百姓不誅之則爲

【第十三紙】

惡於君上則賣權重於百姓不誅之則爲
亂誅之則爲人主所案據腹而有之此亦
國之社鼠也人有酤酒者爲酒甚潔清置
表甚長而酒酸不售問之里人其故里人曰
公之狗猛人挈器而入且酤公酒狗迎而噬之
此酒所以酸不售之故也夫國亦有猛狗用事者
也也有道術之士欲明萬乘之主而用事者
迎而齕之此亦國之猛狗也左右爲社鼠用
事者爲猛狗則道術之士不得用矣此治國之所

事者為猛則道術之士不得用矣此治國之所
患齊侯問於晏子曰為政何患對曰患善
惡之不分公曰何以察之對曰審擇左右
左右善則百僚各獲其所宜而善惡分孔
子聞之曰此言信矣善進則不善無由入矣
不善進則善亦無由入矣

尊賢

人君欲平治天下而垂榮名者必尊賢
而下士易曰自上下下其道大光又曰以貴

【第十四紙】

而下士易曰自上下〻其道大光又曰以貴
下賤大得民夫聖主之施德而下〻將以
懷遠而致近也夫朝無賢人猶鴻鵠之無羽
翼雖有千里之望猶不能致其意之所欲
至矣是故絶江海者託於船致遠道者託
於乘欲霸王託於船致遠道者託於乘欲
霸王者託於賢非其人而欲有功若夏至之
日而欲夜之長也射魚指天而欲發之當
也雖舜禹猶亦困而又況乎俗主哉

也雖桀紂猶亦同而又況乎俗主哉
禹以夏王桀以夏亡湯以殷王紂以殷亡
闔廬以吳戰勝無敵於天下而夫差以見
禽於越穆公以秦顯名尊號而二世以劫於
望夷其所以君王者同而功迹不等者所
任異也是故成王處縲絏而朝諸侯周公用事也趙
武靈王年五十而餓於沙丘任李兌故也桓公
得管仲九合諸侯一匡天下失管仲任豎
刀易牙身死不葬為天下笑一人之身榮

刁易牙身死不葬為天下笑一人之身榮
辱俱施焉在所任也故魏有公子無忌削
地復得趙任藺相如秦兵不敢出楚有申包
胥而昭王反位齊有田單襄王得國由此觀
之國無賢佐俊士而能以成功立名安危
繼絶者未嘗有也故國不務大而務得民
心佐不務多而務得賢俊得民心者民往
之有賢佐者士歸之文王請除炮烙之刑而
殷民從湯去張網者之三面而二垂至箕

【第十五紙】

殷民從湯去張網者之三面而二垂至其
所為順於民心也故聲同則處異而相
應德合則未見而相親賢者立於本朝
則天下之豪相率而趨之矣故無常
安之國無恒治之民得賢者則安昌
失之者則危亡自古及今未有不然者也
周公攝天子位七年布衣之士執贄而
師見者十人所友見者十二人窮巷白屋
先見者卌九人進善者百人教士者千人官

先見者卌九人進善者百人教士者千人官
朝者万人當此之時誠使周公驕而且悋
天下賢士至者寡矣苟有至者則必貪而
尸祿者也尸祿之臣不能存君也
齊桓公設庭燎朞年而士不至於是有
以九九之術見者公曰九九足以見乎對曰
非以九九爲足以見臣聞主君待士朞年而
士不至夫士之所以不至者君天下之賢君
也四方之士皆自以不及故不至也夫九九

也四方之士皆自以不及故不至也夫九〃者
薄能耳而君猶礼之況賢於九〃者乎公曰
善乃因礼之朞月四方之士相携而並
至

【第十六紙】

齊宣王坐淳于髡侍王曰先生論寡人
何好髡曰古者所好四王所好三焉王曰可
得聞乎髡曰古者好馬王亦好馬古者好味王
亦好味古者好色王亦好色古者好士王

【第十七紙】

獨不好士王曰國無士耳有則寡人亦悅

【第十七紙】

獨不好士王曰國無士耳有則寡人亦悅
之矣旣曰古有驊騮騏驥今無有王選於
衆王好馬矣古者有豹象之胎今無有王
選於衆王好味矣古者有毛嬙西施今無
有王選於衆王好色矣王必將待堯舜禹
湯而後好之則禹湯之士亦不好王矣宣
王默然無以應衛君問於田讓曰寡人封
侯盡千里之地賞賜盡御府繒帛而士
不至何也對曰君之賞賜不可以功及君

不至何也對曰君之賞賜不可以功及君
之誅罰不可以理避借舉杖呼狗張弓而
祝鷄矣雖有香餌而不能致者害之道
魏文侯從中山奔命安邑田子方後
太子擊遇之下車而趨子方坐乘如故
告太子曰爲我君侍我朝歌太子不悦
謂子方曰不識貧窮者驕人富貴者
驕人乎子方曰貧賤驕者人富貴者安敢驕
人人主驕人而亡其國大夫驕人而亡其家貧窮者若不得

【第十八紙】

人主驕人而亡其家貧窮者若不得
意納履而去安往而不得貧窮乎太子
及文侯道子方之語文侯歎曰微吾子之故
吾安得賢人之言吾下子方以仁得而友之
自吾友子方也君臣益親百姓益附吾是以
得文王之功我欲伐中山吾以武下樂羊三年
而中山為獻我〻是以得文武之功吾所以
不少進於此者吾未見以智驕我者也若
得以智驕我者豈不及古之人乎

【第十九紙】

得以智驕我者豈不及古之人乎
齊桓公使管仲治國對曰賤不能臨貴桓
公以為上卿而國不治公曰何故對曰貧
不能使富公賜之齊國之市租一年而國不
治公曰何故對曰疏不能制親公立以為仲父
齊國大安而遂霸天下孔子曰管仲之賢不得
三權者亦不能使其君南面而霸矣
桓公問於管仲曰吾欲使爵腐於酒完
腐於俎得毋害於霸乎桓公曰何如而害霸
管仲對曰此極非其貴者耳然亦無害於霸也 已上十八字

【第二十紙】

腐於俎，得毋害於霸乎。桓公曰：何如而害霸
乎。對曰：不知賢，害霸也；知而不用，害霸（管仲對曰此並非其貴者耳然亦無害於霸也　已上十八字拠本書）
也；用而不任，害霸也；任而不信，害霸
也；信而復使小人參之，害霸也。桓公曰：善。
田忌去齊奔楚，楚王問曰：楚齊常
欲相并，為之奈何。對曰：齊使申孺將，
則楚發五萬人，使上將軍將之，至禽將
軍首而反耳。齊使眄子將，則楚悉發四封之（昔覧文）（眄　莫見反）
内，王自出將，僅存耳。於是齊使申專將，楚發

閔王自出將偪存耳於是齊使申專將楚發
五万人使上將軍將斬其首而反於是齊
王更使眄子將楚悉發四境之內王自出將偪
而得免至舍王曰何先生知之早耶居卑
專為人侮賢者而輕不肖者賢不肖俱不
為用是以亡也眄子之為人也尊賢而愛
不肖者賢不肖俱負任是以王偪得存耳

正諫

易曰王臣蹇蹇匪躬之故人臣之所以蹇蹇

易曰王臣蹇〻匪躬之故人臣之所以蹇〻
為難而諫其君者非為身也將欲以匡
君之過矯君之失也君有過失者危亡之
萌也見君之過失而不諫是輕君之危亡
也夫輕君之危亡者忠臣不忍為也

法誡

本書此文在敬慎篇於法誡篇者本書只篇目不見此符

昔成王封伯禽於魯將辭去周公戒之曰
往矣子其無以魯國驕士也我文王之子
武王之弟今王之叔父也又相天子吾於

【第二十一紙】

武王之弟今王之叔父也又相天子吾於
天下亦不輕矣然嘗一沐而三捉髮一食
而三吐哺猶恐失天下之士吾聞之曰德行廣
大而守以恭者榮土地博裕而守以儉者
安禄位尊盛而守以卑者貴人衆兵強
而守以畏者勝聡明叡智而守以愚者益
博聞多記而守以淺者廣此六守者皆謙德
也貴為天子富有四海德不讓者失天下
亡其身桀紂是也可不慎乎故易曰有

亡其身桀紂是也可不慎乎故易曰有
一道大足以守天下中足以守國家小足
以守其身謙之謂也夫天道毀滿而益謙
地道變滿而流謙鬼神害滿而福謙人道
惡滿而好謙易曰謙亨君子有終吉
其以魯國驕士矣孫叔敖為楚令尹一國
吏民皆來賀有一老父後來弔孫叔敖是
王不知臣不肖使受吏民之垢人盡來賀
子獨後來弔豈有說乎父曰有身已貴而

【第二十二紙】

子稽後來弔豈有說乎文曰有身已貴而
驕人者民去之位已高而擅權者君惡之
祿已厚而不知足者患處之叔敖再拜曰敬
受願聞餘教父曰位已高而意益下官
益大而心益小祿已厚而慎不敢取君
謹守此三者足以治楚矣魏公子牟
東行穰侯送之曰先生獨無一言以教
史記云穰侯魏冉
冉乎公子牟曰夫官不與勢期而勢自
至勢不與富期而富自至富不與貴

至勢不与富期而富自至富不与貴期而貴自至貴不与驕期而驕自至驕不与罪期而罪自至罪不与死期而死自至穰侯曰善

善說

齊宣王出獵於社山父老相與勞王曰父老苦矣賜父老田不租父老皆拜閭丘先生獨不拜王曰父老以爲少耶賜父老無傜役先生又不拜曰父老皆拜唯旧父老皆

傜役先生又不拜曰父老皆拜王曰父老皆
拜先生獨不拜寡人得無有過乎閭丘
先生對曰聞大王來遊所爲勞大王望得
壽於大王望得富於大王望得貴於大
王王曰天殺生有時非寡人所得與也無
以壽先生倉廩雖實以備災害無以
富先生大官無缺小官卑賤無以貴
先生先生對曰非人臣所敢望也願大
王選有循行者以爲吏平其法度如此

【第二十三紙】

振

王醫有循行者以爲吏乎其法度如此
臣少以得壽爲根之以時無煩擾姓是
臣可少得以富爲頒大主出令令少者
敬老如是臣可少得以貴与今大王幸
賜臣田不租斂則倉廩將虛也賜臣無
傜役然則官府無使焉此固非臣之所
敢望也齊王曰善

修文

成王將冠周公
使祝雍祝王曰達而勿多祝雍曰使王
近於仁遠於佞嗇於時惠於財任賢

近於仁遠於佞審於時惠於財任賢
使能文質　秦始皇帝既兼天下侈
靡奢泰有方士韓客侯生齊客盧
生相与謀曰當今時不可以居上樂以刑
殺為威下畏罪持祿莫敢盡忠上不聞
過而日驕下懾服以慢欺而取容諫者
不不用而失道滋甚吾黨久居且為所
害乃亡去始皇聞之大怒曰吾聞諸生多
為誑言以亂黔首乃使御史實上諸

【第二十四紙】

為誹言以亂黔首乃使御史實上諸
生四百餘人皆坑之侯生後得始皇召
而見之侯生曰陛下肯聽臣一言乎始皇
曰若欲何言生曰令陛下奢侈失本淫泆
趣末宮室臺閣連屬增累珠玉重寶
積襲成山婦女倡優數巨萬人鍾鼓之
樂流漫無窮輿馬文飾以自奉麗靡
爛漫不可勝極黔首匱竭民力殫盡
尚不自知又急誹謗嚴威剋下下喑上

尚不自知又急誹謗嚴威刑下喑上
聾臣等設去臣等不惜臣之身惜陛
下國之亡耳今陛下之淫万丹朱而千
昆吾桀紂臣恐陛下之十亡曾不一存始
皇默然久之曰汝何不早言侯生曰陛狥
下自賢自健上侮五帝下陵三王弃素
樸就末枝陛下亡徴久見矣臣等恐言
之無益而自爲取死故逃而不敢言今
臣以必死故爲陛下陳之雖不能使陛

臣以必死故爲陛下陳之雖不能使陛
下不亡欲使陛下自知也始皇曰吾可
以變乎侯生曰形已成矣陛下坐而待亡耳若陛
下欲更之能若堯與禹乎不然無冀也始
皇喟然而嘆遂釋不誅魏文侯問李克
曰刑罰之源安生對曰生於姦邪淫佚之
行也姦邪之心飢寒而起淫佚者文飾
之耗雕文刻鏤害農事者也文繡纂組
事者也文繡纂組傷女功者也農事害

【第二十五紙】

事者也文繡纂組傷女功者也農事害
則飢之本女功傷則寒之源也飢寒並
至而能不為姧耶者未之有也男女飢
義以相殺而能無淫泆者未嘗有也故
上不禁枝功則國貧民侈則貧窮者
為姧耶而富足者為淫泆則驅民而為
耶也民已為耶因以法隨而誅之則是為民
設陥也刑罰之起有源人主不塞其本而督
其末傷国之道也文侯曰善以子言相

其未傷國之道也文侯曰善季文子相
魯妾不衣帛馬不食粟仲孫它諫曰子
為魯上卿妾不衣帛馬不食粟人其
以子為愛且不華國也文子曰然吾觀人
之父母衣麤食蔬吾是以不敢且吾聞君
子以德華國不聞以妾與馬夫德者得於
我人得於彼故可行若淫於奢後沉
於文章不能自反何以守國仲孫它
慙而退

【第二十六紙】

懃而退

羣書治要卷第卌三

本奥書云　點校了

長寛二年五月十五日

散位從五位下藤原朝臣敦經

以蓮華王院寳藏御本校點了

直講清原[illegible]

404　　400

一

一蓮華院殿藏本校點了

直講清原

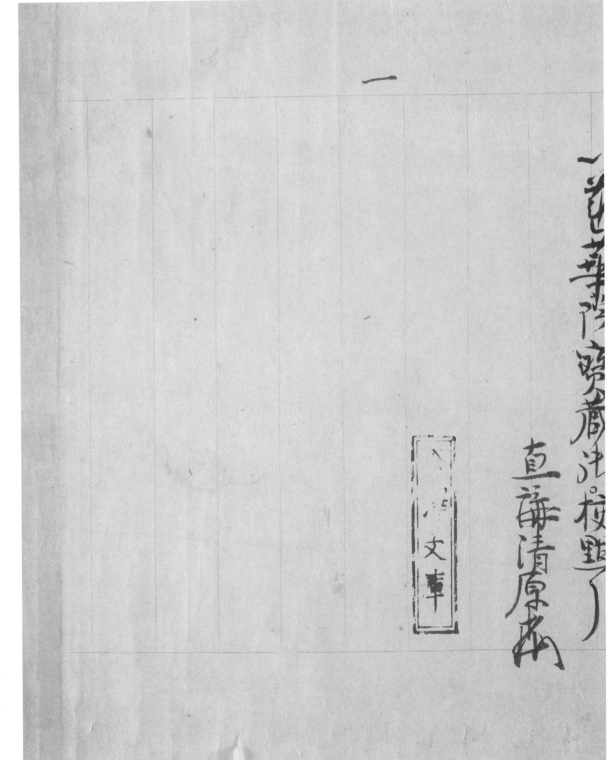

群書治要四十四
圖書寮
番號 117
冊數 48
函號 特 3

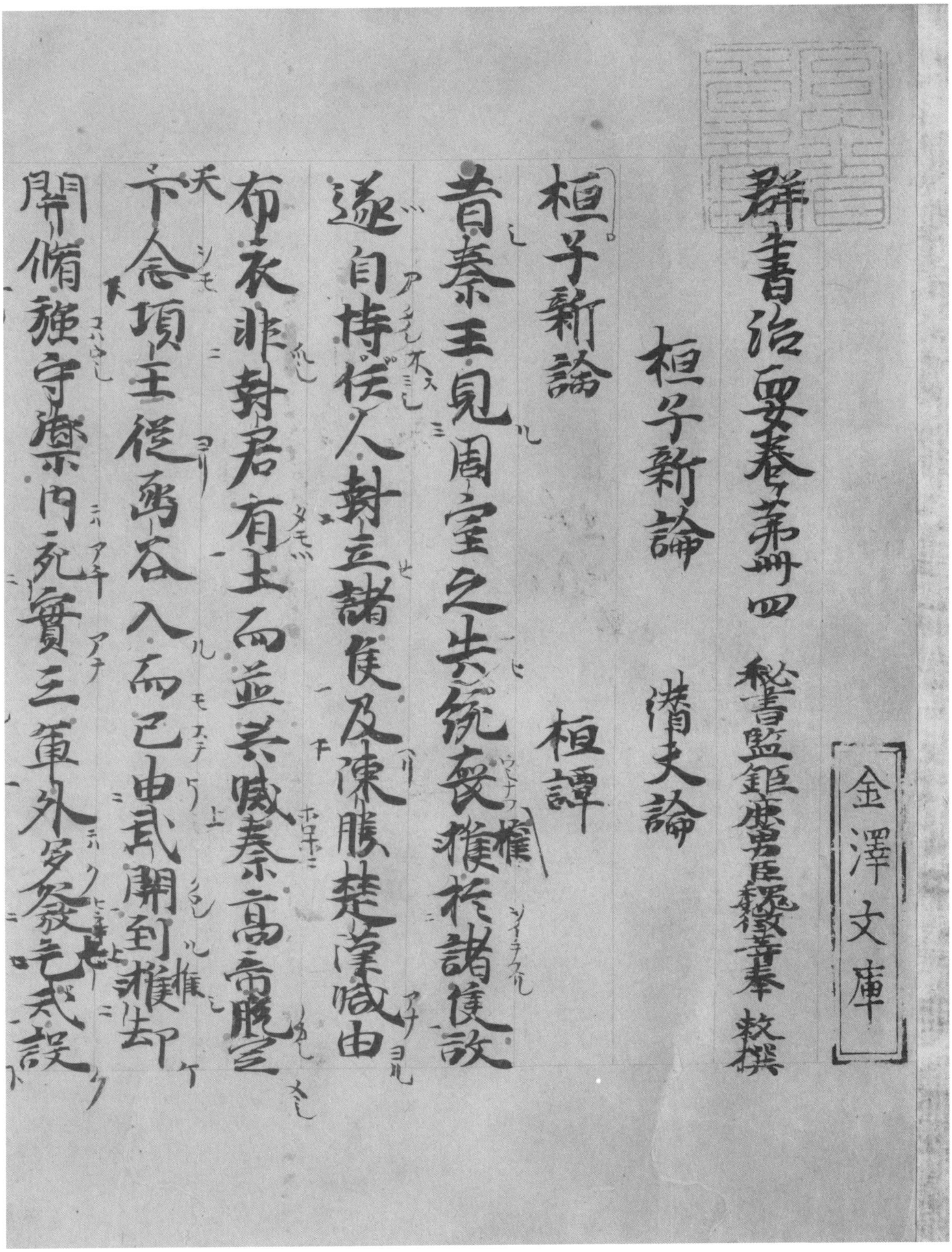
群書治要巻第卌四　秘書監鉅鹿男臣魏徵等奉　勅撰
桓子新論　　潜夫論
桓子新論　　桓譚
昔秦王見周室之失統喪權於諸侯故
遂自恃任人封立諸侯及陳勝楚漢咸由
布衣非封君有土而並共滅秦高帝既定
天下念項王從函谷入而已由武關到推卻
關脩強守禦内充實三軍外多發屯戍設

王翁者王莽也

阸於賣反險也又作阨

開備旌守禦禁門死賞三軍外多發吃貳設
窮治黨與之法重懸告反之賞及王翁
之篡取乃不犯開梁阸塞而坐得其處
王翁自見以專國庶政得之即抑重臣
收下權使事無大小深淺皆斷決於己身
及其失之人不從大臣生焉更始帝見王
翁以失百姓心亡天下既西到京師時民悅
喜則自安樂不聽納諫臣謀士赤眉圍其外而
近臣反城遂以被敗由是觀之夫患害奇邪

近臣汲城遂以被敗由是觀之夫患害奇邪
不一何可勝為設防量備哉防備之善者
則唯量賢智大材然後先見豫圖遏將救
之耳維鍼艾方藥者已病之具也非良醫不能
愈以人材能德行者治國之器也非明君不
能以立功醫無鍼藥可作為求買以行術
枝不須必自有也君無材德可選任明輔不待
必躬能也由是察焉則材能德行國之鍼
藥也其得立功効乃在君輔傳曰得十良馬

藥也其得至功勳乃在君輔傳曰得十良馬
不如得一伯樂得十利劔不如得一區冶多得
善物不如少得能知〻物〻者之致善珍〻
益廣非特止於十也
言求取輔佐之術既得之又有大難三而止
善二爲世之中庸多大材少〻不勝衆一曰
不能與一國爭持孤特之論干雷同之計以
疏賤之處逢貴近之心則萬不合此一難也
夫建蹤殊爲非常乃世俗所不能見也又使明

夫遠踔殊爲非常乃世俗所不能見也又使明
智蜀事而與衆平之亦必不足此二難也既
聽納有所施行而事未及成讒人隨而惡
之即中道狐疑或使言者還受其尤此三
難也智者盡心竭言以爲國造事衆聞之
則反見疑壹不當合遂被譖想雖有十善
障以一惡去此一心善也材能之世所嫉妬遭
遇明君乃壹興起既幸得之又復隨衆弗與
知者雖有若仲尼猶且出走此二止善也

知者雖有若仲尼猶且出走此二止善也
是非君臣致密堅固割心相信動無間疑若
伊尹之見用傅說之通夢管鮑之信任則
雖以遂功竟意矣又說之言亦甚多端其
欲觀使者則以右之賢輔主欲間疏別離則
以専權危國者論之蓋父子至親而人主有
高宗孝己之設及景武時栗衛太子之事
忠臣高節時有龍逢比干伍員鼂錯之變比
類衆多不可盡記則事歸可為邪扇易知

類衆多不可盡記則事易可為邪庸易知
邪雖然察前世已然之効可以觀覽亦可為
戒維諸高妙大材之人重時遇咎皆欲上與賢
侔而垂榮歷載安肯毀名廢義而為不軌
惡行乎若夫魯連解齊趙之金封虞卿捐萬
戶與國相乃樂以成名肆志豈復干求便辟
趨利而覽諸邪背叛之臣皆小辯貪饕之
人也大材者莫有焉由是觀之世間高士材
能絶異者其行親任亦明矣不主乃意疑之也如

【第四紙】

能絶異者行親任之明矣不至乃意疑之也如
不能聽納施行其策雖廣知得之終无益也
凡人耳目所聞見心意所知識情性所好惡利
害所去就之皆同務爲若材能有大小智
略有深淺聰明有闇照行有薄厚之則
異度爲非有大材深智則不能見其大體之
者皆是當之事也夫言是而計當遭變而
用權常守正見事不惑內有度量不可傾
移而詭以譎異爲知大體矣如无大材則雖威

移而誑以譎異為知大體矣如無大材則雖威
權王翁察慧如孫龍敏給如東方朔言災異
如京君明及博見多聞書至萬篇為儒教
授數百千人祇益不知大體焉維王翁之過
絶世人有三焉其智足以飾非奪是辭能窮
詰説士威則震懼羣下又數陰中不快己者
羣臣莫能抗荅其論莫敢干犯匡諫卒以
致亡敗其不知大體之禍也
夫帝王之大體者則高帝是矣高帝曰張

夫帝王之大體者則高帝是矣高帝曰張
良蕭何韓信此三子者皆人傑也吾能用之
故得天下此其知大體之効也
王翁始秉國政自以通明賢聖而謂羣下
才智莫能出其上是故舉措興事輒欲自信
任不肯與諸明習者通共苟直意而發得之
而用是以稀獲其功効焉故卒遇破亡此不
知大體者也高帝懷大智略能自揆度羣
臣制事定法常謂曰庳而勿高也度吾所

【第五紙】

【第五紙】

臣制事定法常謂曰庳而勿高也度吾所
能行為之慮度内疏政合於時政民臣樂
為世所思此知大體者也
王翁嘉慕前聖之治而簡薄漢家法令
故多所變更欲事事效古美先聖制度而不知
之不能行事其釋近趨遠所尚非務故高
義退致廢亂此不知大體者也高祖欲攻魏
乃使人窺視其國相及諸將率左右用事者
知其主名乃曰此皆不如吾蕭何曹參韓信

知其主名乃曰此皆不如吾蕭何曹參韓信
樊噲等之易與耳遂往擊破之此知大體者
也　王莽前欲北伐匈奴及後東擊青徐
衆郡赤眉之徒皆不擇良將而但以世姓及
信謹文吏或遣親屬子孫素所愛好或無權
智將帥之用猥使據軍持衆當赴強敵是以
軍合則損士衆散走咎在不擇將將與主
俱不知大體者也
夫言行在於美善不在於衆多出一美言

【第六紙】

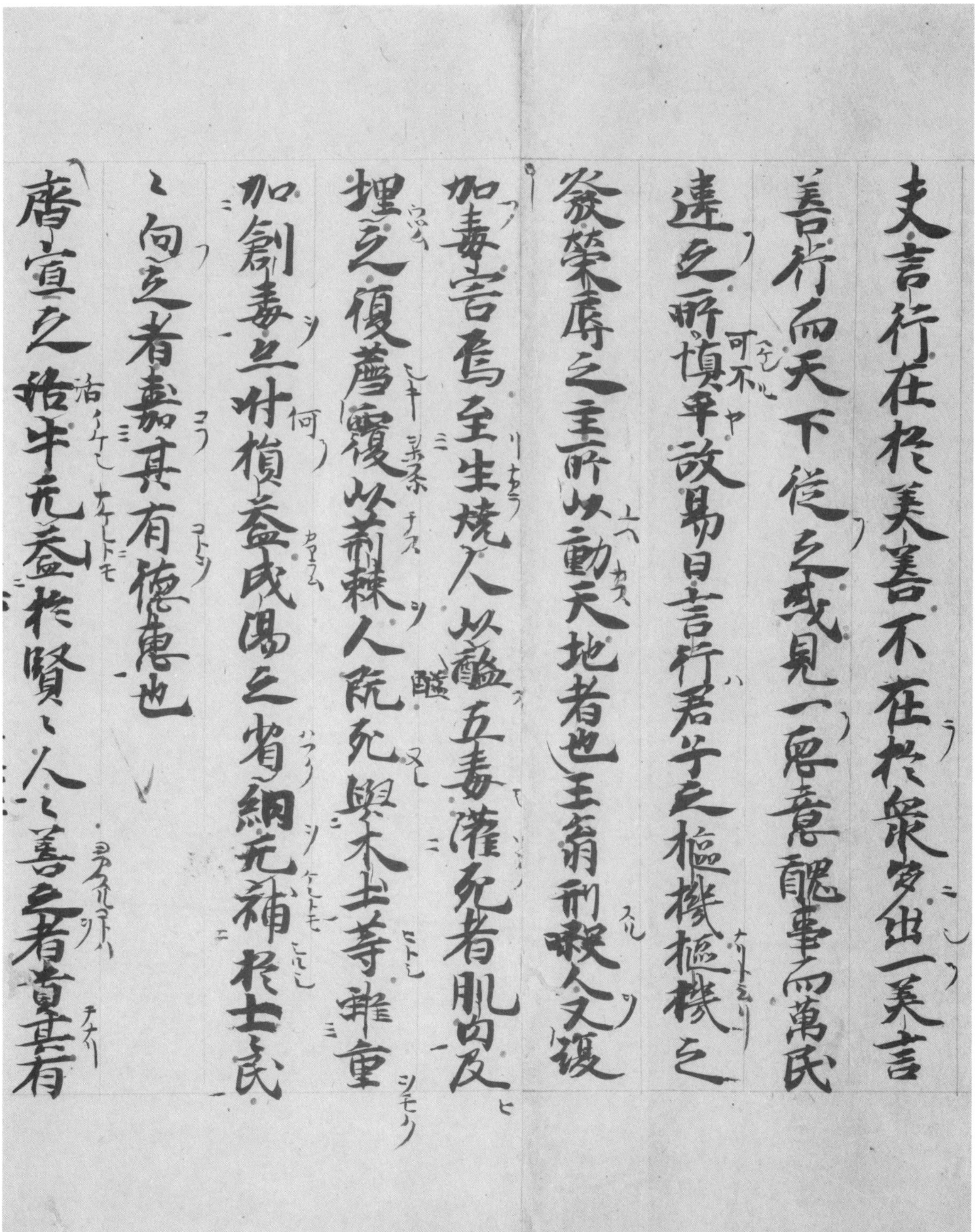
夫言行在於美善不在於衆多出一美言
善行而天下從之或見一惡意醜事而萬民
違之所可不慎乎故易曰言行君子之樞機樞機之
發榮辱之主所以動天地者也王翁刑殺人又復
加毒害焉至生燒人以醯五毒灌死者肌肉及
埋之復薦覆以荊棘人既死與木土等雖重
加創毒亦何損益成湯之省納无補於士民
之向之者嘉其有德惠也
晉宣之治牛无益於賢人之善之者貴其有

唐宣之始千无益於賢〻人〻善之者莫甚有
仁心也文王之葬枯骨无益於衆庶衆庶
悦之者其思義動之也王莽之殘死人无
損於生人惡之者以殘酷示之也維此四事忽
微而顯著纖細而猶大故二聖以興一君用亡
以巨知大體不知者遠矣聖王治國崇禮讓
顯仁義以尊賢愛民為務是以卜筮維寡
祭祀用稀王莽如卜筮信時日而篤於事鬼神
多作廟兆絜齋祀祭犠牲殽膳之費吏卒辨

【第七紙】

多作廟兆絜齋祀祭犧牲殽膳之費吏卒辨
治之苦不可稱道為政不善見叛天下及難
作兵起無權策以自救解乃馳之南郊告
禱搏心言冤號哭流涕叩頭請命幸天哀
助之也當兵入宮日矢射交集燔火大起
逃漸臺下尚抱其符命書及所作威斗可
謂蔽惑至甚矣
淳于髡至鄰家見其竈突之直而積薪
在傍曰此且有火災即教使更為曲突而徙

【第七紙】

在旁曰此且有火灾即教使更為曲突而徙
遠其薪竈家不聽後灾火果及積薪燔其
屋鄰里並救撃及滅止而享羊具酒以勞
謝援人者突遠薪固不肯呼淳于飲飯
者譏之云教人曲突遠薪固无恩澤燋頭
爛額反為上客蓋傷其賤本而貴末豈夫獨
突薪可以除害哉而人病國亂亦皆如斯
是故良醫之其未發而明君絶其本謀後
世多損於杜塞未萌而勤於攻撃已成謀臣

世多積於杜塞未萌而勤於攻擊已成謀臣
稀賞而鬬士常榮猶彼人殆失事之重輕
察淳于髡之預言可以无不通此見微之類
也王者初興皆先建根本廣立藩屏以自樹黨
而強固國基焉是以周武王克殷未下輿而
封黄帝堯舜夏殷之後及同姓親屬功臣德
行以為羽翼佐助鴻業永垂流于後嗣乃者
強秦罷去諸侯而獨自恃任一身子弟无所
封孤弱无與是以為帝十四歳而亡漢高祖

【第八紙】

對孤弱無與是以為帝十四歲而亡漢高祖始定天下背亡秦之短計導殷周之長道褒顯功德多封子弟後雖多以驕佚敗亡然漢之功德多基本得以定成而異姓強臣不能復傾至景武之世覺諸王數作亂因抑奪其權勢而王但得虚尊坐食租稅故漢朝遂弱孤單特立是以王莽不興兵領士而徑取天下又懷貪功獨專之利不肯封建子孫及同姓戚屬為藩輔之固故兵起而莫之救助也傳曰與

䱇　式連反　魚醬

為藩輔之固故兵起而莫之救助也傳曰與
死人同病者不可為醫與亡國同政者不可
為謀王翁行甚類暴秦故亦十五歲而亡矣
備射禽獸者始欲中之恐其創不大也既已得之
又惡其傷肉多也鄙人有得䱇醬而美之及
飯惡與人共食即小唾其中共者怒因涕其中
醬遂棄而俱不得食焉彼亡秦王翁欲取
天下時乃樂與人分之及已得而重愛不肯與
是惜肉嗜䱇之類也

【第九紙】

是皆内嗜欲之類也
昔齊桓公出見一故墟而問之或對曰郭氏
之墟也復問郭氏曷為墟曰善〻悪〻焉桓公
曰善〻悪〻乃所以為存而反為虚何也曰善〻而
不能用悪〻而不能去彼善人知其貴己而
不用則怨之悪人見其賤己而不好則仇之矣
與善人為怨悪人為仇欲毋亡得乎乃者王有善
天下賢智材能之士皆斂聚而不肯謁使人
懐誹謗而怨之更始帝悪三輔諸假號元義之

【第九紙】

壊誹謗而怨之更始帝惡諸假飾无義之
人而不能去令各心恨而仇之是以王者見攻
而身死宮室燒盡更始帝為諸王假號而出走
令城郭殘二主皆有善惡之資故不免於
禍難大災卒使長安大都壊敗為墟此大非之
行也北蠻之先與中國並歷年茲多不可記也仁
者不能以德來強者不能以力并也其性貪鷙
獸聚而鳥散其強難屈而和難得是以聖王
羈縻而不專制也昔周室衰微夷狄交侵中

羈縻而不專制也昔周室衰微戎狄交侵中
國不絶如綫於是宣王中興僅得復其侵地矣
以秦始皇之強帶甲卌萬不敢窺河西乃築長
城以分之漢興高祖見圍於平城呂后時爲不
軌之言帝則匈奴大入逢火候騎至雍甘泉景
武之間兵出數困卒不能禽制即與之結和親然
後邊甬得安中國以寧其後匈奴內亂分爲五
單于寸延壽得承其弊以深德呼韓邪單于
故肯委質稱臣來入朝見漢家得以宣德廣

【第十紙】

故肯委質稱臣来入朝見漢〻家〻得以宣德廣
之隆而威示四海莫不率服歷世无寇安危棠
可知而猥復侵刻匈奴往攻奪其璽綬而貶損
其大臣號位變易舊常分單于為十五是以
恨恚大怒事相攻拒王莽不自非悔及遂持羅
元理多拜將率調發兵馬運徙粮食財物以
彈索天〻下〻愁恨怨苦因大擾乱竟噫不能
推傷一胡虜徒自窮極竭盡而已書曰天蘖
可違自作蘖不活可其斯之謂矣夫高帝之

可避自作孽不可活其斯之謂矣夫高帝之
見圍十日不食及得免脫遂无愠色誠知其
往攻非發而怨之无益也今匈奴无負於王
前、就往侵削擾之故使事至于斯豈所謂
因自生患而人自生禍者耶其為不急乃劇
所作之甚者也
啓悟
夫畢豪雄者天下所常有無世而不然逢明
主賢臣智士仁人則脩德善政省職慎行以應
之故咎殃消亡而禍轉為福焉昔天戊遭桑

【第十一紙】

之故咎殃消亡而禍轉為福焉昔大戊遭桑
穀生朝之恠獲中宗之號武丁有雊雉升鼎
之異身享百年之壽周成王遇雷風折
木之變而獲反風歲熟之報宋景公有熒
惑守心之憂星為徙三舍由是觀之則莫
善於以德義精誠報塞之矣故周書曰天子見
恠則脩德諸侯見恠則脩政大夫見恠則脩
職士庶見恠則脩身神不能傷道妖不能
害善德及衰世薄俗君臣多僻驕失政士庶多邪

【第十一紙】

善德及衰世薄俗君臣多淫驕失政士庶多邪
心惡行是以歉有災異變咎不能內自省補
畏天戒而反外考諸議求問厥故惑於佞愚
而以自詿誤而令患禍得就皆違天逆道者
也哉言往者公卿重臣缺而衆人咸緣部署云

雜事

甲乙當為之後果然後何以處知而又能豈
同意乎孔子謂子貢億則屢中令衆人能
與子貢等乎余應曰世之在位人率同輩相
去不甚縣者其善少愈者固上下所昔聞知也夫

去不甚膝者其善少愈者固未所昔聞知也夫
明珠者視異智鉤者慮伴故羣下之隱常與
上同度也如昔湯武之用伊呂高宗之聚傅說
桓穆之授管甯由奚豈衆人所識知哉彼
揩 玉云摸也
群下雖好意揩之焉能責斯以為可居大臣輔
相者乎國家設理官制辟所以定姦邪又内
置中丞御史以正齊轂下故常用明習者始於
欲分正法而終乎侵輕深刻皆務酷虐過度
欲見未盡力而求獲功賞或著能立事而惡劣

【第十二紙】

敢見未盡力而求獲功賞或著能立事而恩寵
弱之譖是以役以棘楚之棄父兄思及事成獄
畢雖使皐陶聽之猶不能聞也至以言語小
故陷致人於殘滅事誠可悼痛焉漸至乎朝
廷時有忿悄聞惡弗原故令天下相放傚成
惑誤有目之行深刻云下尚執重而令上
得施恩澤此言甚非也夫賢吏正士爲上
處事持法宜如丹青矣是故言之當必
可行也罪之當必可刑也如何苟欲阿指

可行也罪之書名可罰也如何苟欲阿指
乎如遭如上忽略不省當而聽行其事則當
受强死也哀帝時待詔伍容以知星好方
道數召後坐帝事下獄獄窮訊得其宿與
人言漢朝當生勇怒子如武帝者刻暴以為
先帝為怒子非所宜言大不敬夫言語之時
過差失誤乃不足被以刑誅及詐欺事可无
於不至罪易言大人虎變君子豹變即是
論諭人主寧可謂曰何為比我禽獸乎如稱

論諭人主寧可謂曰何爲比我禽獸乎如稱
君之聖明與堯舜同或可曰何敢比我於死人
乎世主既不通而輔佐執事者復隨而聽之
順成之不亦重爲矇矇乎

潛夫論　王符

讃學

天地之所貴者人也聖人之所尚者義也德
義之所成者也智明之所求者學問也雖有
至聖不生而智雖有至材不生而能故志曰黄
帝師風后顓頊師老彭帝嚳師祝融堯師
務成舜師紀后禹師墨如湯師伊尹文武師

【第十三紙】

務成舜師紀后禹師墨如湯師伊尹文武師
姜尚周公師庶秀孔子師老聃夫此十一君者
皆上聖也由得待學問其智乃博其德乃碩
而況於凡人乎是故工欲善其事必先利其
器士欲宣其義必先讀其書易曰君子以多志
前言往行以畜其德是以人之學也猶物之有
治也故夏后之璜楚和之璧不琢不錯不離礫
石夫瑚簋之器朝祭之服其始也乃山野之木
蠶繭之絲耳使巧倕加繩墨而制之以斤斧女工

蠶繭之絲耳使巧倕加繩墨而制之以斤斧女工加五色而製之以機杼則皆成宗廟之器黼黻之章可羞於鬼神可御於王公而況君子敦貞之質察敏之才攝之以良朋教之以明師文之以禮樂導之以詩書讚之以周易明之以春秋其有不濟乎

務本

凡為治之大體莫善於抑末而務本莫不善於離本而飾末夫為國者以富民為本以正學為基民富乃可教學正乃得義民貧則背

【第十四紙】

為基民富乃可教學正乃得義民貧則背
善學淫則詐偽入學則不亂得義則忠孝故
明君之法務此二者以為太平之基也夫富民
者以農桑為本以遊業為末百工者以致用
為本以巧飾為末商賈者以通貨為本以鬻
奇為末三者守本離末則民富離本守末則民
貧貧則阨而忘善富則樂而可教訓者以
道義為本以巧辯為末辭語者以信順為
本以詭麗為末列士者以孝悌為本以交遊

本以詭麗為末列士者以孝悌為本以交游
為末孝悌者以致養為本以華觀為末人
臣者以忠正為本以媚愛為末五者守本則
仁義興離本守末則道德崩慎本略末猶
可也舍本務末則惡矣夫用天之道分地之
利六畜生於時百物取於野此富國之本也
遊業末事以収民利此貧邦之源也忠信謹
慎此德義之基也虛无譎詭此亂道之根
故力田所以富國也今民去農桑赴遊業披

故力田所以富國也今民去農桑赴遊業披
【第十五紙】
採衆利聚之一門雖於私家有富然公計
愈貧矣百工者所使備器也以便事爲善
以膠固爲上今工好造雕琢之器僞飾之巧以欺民
【第十六紙】
取賄雖於姦工有利而國家愈病矣商賈
者所以通物也物以任用爲要以堅牢爲資
今商競鬻無用之貨淫侈之弊以惑民取産
雖於淫商有得然國計愈失矣此三者外
雖有勤力富家之私名然内有損民貧國

【第十七紙】

雖有勤力富家之私名然内有損民貧國
之公實故為政者明督工商勿使淫偽困
辱游業勿使擅利寛假本農而寵遂學
士則民富而國平矣夫教訓者所以遂道術
而崇德義也今學問之士好語虚无之事
爭者雕麗之文以求見異於世品人鮮識從
而尚之此傷道德之實而惑矇夫之大者也
詩賦者所以頌善醜之德泄哀樂之情也故
温雅以廣文興喩以盡意今賦頌之徒苟

温雅以廣文興喻以盡意今賦頌之徒苟
爲饒辯屈蹇之辭競陳誣罔無然之事以索
見怪於世愚夫戇士從而奇之此悖孩童之
愚而長不誠之言者也孝悌於父母正操行
於閨門所以爲列士也今多務交游以結
黨助偷世竊名以取濟渡夸末之徒從而尚
之此逼貞士之節而眩世俗之心者也養生順
志所以爲孝也今多違志以儉養約生以待終
沒之後乃崇飾喪紀以言孝盛饗賓旅以

【第十八紙】

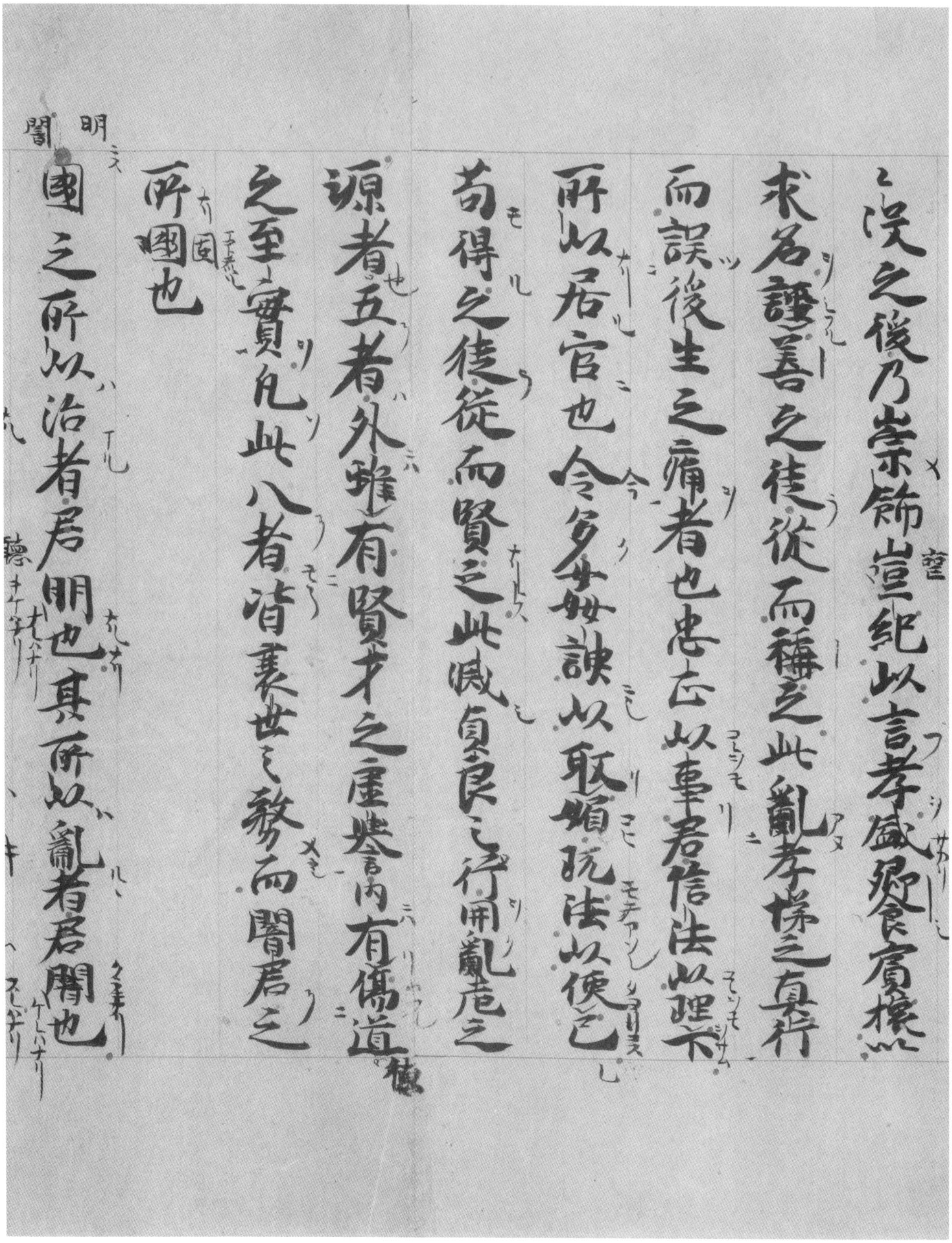
沒之後乃崇飾喪紀以言孝盛饗食賓擯以
求名譽善之徒從而稱之此亂孝悌之真行
而誤後生之痛者也忠信以事君信法以理下
所以居官也今多姦諛以取媚撓法以便己
苟得之徒從而賢之此滅貞良之行開亂危之
源者也五者外雖有賢才之虛譽內有僞道德
之至實凡此八者皆衰世之務而闇君之
所固也
國之所以治者君明也其所以亂者君闇也

國之所以治者君明也其所以亂者君闇也
君之所以明者兼聽也其所以闇者偏信也是
故人君通必兼聽則聖日廣矣庸說偏信則
愚日甚矣詩云先民有言詢于芻蕘夫堯舜
之治闢四門明四目通四聰是以天下輪湊而
聖无不照故共驩之徒弗能塞也靖言庸回
弗能惑也秦之二世務隱藏己而斷百僚
損疏賤而信趙高是以聽塞於貴重之臣
蔽於驕妒之人故天下潰叛弗得聞也皆知高

蔽於驕妬之人故天下潰叛弗得聞也背知高
殺莫敢言之周章至戲乃始駭閒樂進勸乃
悔不亾晩乎故人兼聽納下則貴臣不得
誣而遠人不得欺也是故明君莅衆務下之
言以昭外也敬納卑賤以誘賢也其无拒言未
必言者之盡用也乃懼拒无用而讓有用也
其无慢賤也未必其人盡賢也乃懼慢不肖
而絶賢望也是故聖王表小以勵大賞鄙以
招賢然後良士集于朝下情達于君也故上

【第十九紙】

招賢然後良士集于朝下情達于君也故上
無遺失之策官无亂法之臣此君民之所利
而姧佞之所惡也舜曰予違汝弼汝无面從
退有後言故治國之道勸之使諫宣之使
言然後君明察而治情通矣且凡驕臣之
好隱賢也既患其正義以繩己矣又恥居上
位而明不及下尸其職而策不出於己是之
以郄宛得衆而子常殺之屈原得君而椒
蘭構讒耿壽建常平而嚴延姤其謀

椒蘭　史記屈原傳讒屈原者令尹子蘭也　文選離騷經注王逸曰椒楚大夫子椒也

蘭椒讒取寄遠常卒而嚴延妬其諫誅
湯殺鄧支而逢衡枝其功由此觀之處任
卑賤而欲効善於君則必先與寵人為讎
矣棄舊寵但之於内而已接賤欲自信於
外此愚善之君須忠之士所以雖並生一世
而終不得遇者也

思賢

國之所以存者治也其以亡者亂也人君莫不
好治而惡亂樂存而畏亡然嘗觀上記近古也
亡代有三穢國不數夫何故哉察其敗皆

【第二十紙】

亡代有三穢國不數夫何故哉察其敗皆
由君常好其所以亂而惡其所以治憎其所與
存而愛其所與亡是故雖相去百世殊俗千
里然其亡徵敗迹若重規襲矩稽節合符
故曰殷鑒不遠在夏后之世夫與死人同病
者不可生也與亡國同行者不可存也豈虛
言哉何以知人且病以其不嗜食也何以知國
之將亂以其不賢嗜是故病家之廚非無嘉
饌乃其人弗之能食故遂死也亂國之官非无

饌乃其人弗之能食故遂死也亂國之官非无
賢人其君弗之能任故遂亡也故養壽之士
先病服藥養世之君先亂任賢是以身常安
而國永也身之病待醫而愈國之亂待賢而
治治身有黃帝之術理世有孔子之經然疾
不愈而亂不治者非石鍼之法誤而五經之
言誣也乃因之者非其人苟非其人則規不圓
而矩不方繩不直而準不平鑽燧不得火鼓
石不下金驅馬不可以追速舟不可以涉也凡此

石不下金馬不可以追速舟不可以涉也凡此六
者有形見物苟非其人猶尚无功則又況乎懷
道以撫民氓乘六龍以御天心者哉夫理世不
得真賢譬由治疾不得真藥也是故先王為
官擇人必得其材功加於民德稱其位此三
代開國建侯所以能傳嗣百世歷千數者也
凡有國君未嘗不欲治也而治不世見者所任
不固也世未嘗無賢也而賢不得用者群
臣妬也主有索賢之心而无得賢之術臣有進

【第二十一紙】

臣妬也主有壹賢之心而元得賢之術臣有進
賢之名元進賢之實此所以人君孤危於上而
吐而道獨抑下也夫國君之所以致治者公也
公法行則宄亂絶佞臣之所以便身者私也
私術用則公法奪列士之所以建節者義也
正節立則醜類代此姦臣亂夫無私之徒所以
爲日夜杜塞賢君義士之門使不相得者也
夫賢者之爲人臣不損君以奉佞不阿衆以
取寵不墮公以聽私不撓法以吐罰其明誅

取寒不墮以聽私不撓法以吐剛其明能
照姦而義不比黨是以范武歸晉而國姦
逃華元反朝而魚氏亡故正義之士與邪枉之
人不兩立而人君之取士也不能參聽民氓斷之
聰明反徒信亂臣之說獨用汙吏言此所以
謂與仇選使令囚擇吏者也書云謀及乃心
謀及庶人孔子曰衆好之必察焉衆惡之必
察焉故聖人之施舍也不必任衆亦不必專
已必察彼己之謂而度之以義故舉無遺失

【第二十二紙】

己名察彼己之謂而度之以義故舉无遺失
而功无廢滅也或君則不然己有所愛則因
斷之不稽於衆不謀於心苟眩於愛唯言是從
此政之所以敗亂而士之所以放佚者也故有
周之制天子聽政三公至於列士獻曲遠人傳
語近臣盡規親戚補察瞽史教誨耆艾
修之而後王斟酌焉是以事行而无敗也末
世則不然徒信貴人驕妬之議獨用宿媚蓋
惑言之行豈禮者蒙衍容論德義有見尤

惑言之行豐禮者蒙愆咎論德義有見尤
惡於是諛臣佞人從以詖訾之法以議上之刑
此賢士之始困也夫譖訾之法者伐賢之斧
也而驕妬之臣噬賢之狗也君内秉伐賢之
拘而外相賢欲其至也不亦痛乎
兵之設也久矣涉歷五代以迄于今國未嘗
不以德昌而以兵彊也今兵巧之械盈乎府
庫孫呉之言聒乎將耳然諸將用之進戰則兵
敗退守則城亡是何也哉彼之情不聞乎

敗退守則城亡是何也哉彼〻之情不爾乎
主上勝負之數不用卒將心事率進无利
而退无畏此以然也夫臨重上峻步驟千里馬
之禍也然騏驥樂之者以術者良足為盡力
也先登陷陣赴死嚴敵民之禍也然節士
樂之者以明君可為致死也凡人所以肯赴
死亡而不辭者非為趨利則因以避害也凡
賢鄙愚智皆然顧其所利害有異耳不利顯
名則利厚實也不避恥辱則避禍亂也非

【第二十三紙】
【第二十四紙】

名則利厚賞也不避恥辱則避禍亂也非
此四者雖聖王不能以要其臣慈父不能以
必其子明主深知之故崇利顯害以与下市使
親疏貴賤鄙愚智怯順我令乃得其欲是
以一旦軍鼓是雷震旌旗並發士皆奮激
競於死敵者豈其情猒久生而樂害死
哉乃義士且以求其實取令夫從軍敗没
死亡事者以十萬數上不聞弔唁嗟嘆之榮
名下又无祿賞之厚實節士无所勸慕庸

名下又无祿賞之厚實節士无所勸慕庸
夫无所貪利此其所以又懐怛觧不肯須臾著
也軍起以来暴師五年曲兵之吏將以千數
大小之戰歲十百合而希有功應其敗无他
故焉皆將不明於豪勢而士不勸於死敵也
其士之不能死也乃其將不能教也言賞則
不與言罰則不行士進有獨死之禍退蒙
衆生之福此其所以臨陣忌戰而競思奔北者
也今觀諸將既无料敵合變之奇復无明

【第二十五紙】

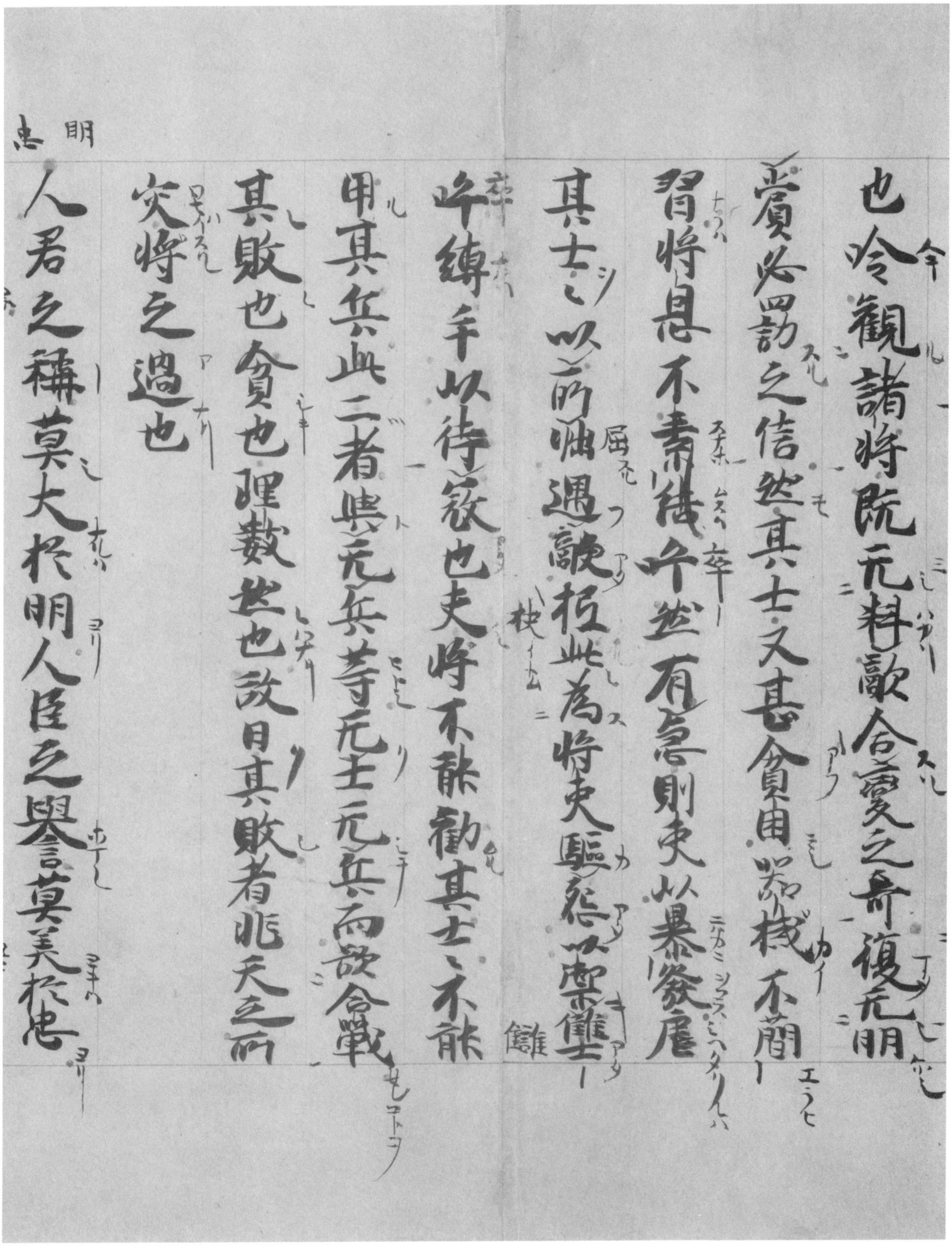
明　忠

也今觀諸將既无料敵合變之奇復无明
賞必罰之信然其士又甚貧困器械不簡
習將恩不素結卒然有急則吏以暴發虐
其士〻以所拙遇敵巧此為將吏驅怨以禦讎
卒縛手以待寇也夫將不能勸其士〻不能
用其兵此二者與无兵等无士无兵而欲合戰
其敗也負也理數然也故曰其敗者非天之所
災將之過也
人君之稱莫大於明人臣之譽莫美於忠

明忠

人君之稱莫大於明人臣之譽莫美於忠
此二德者古來君臣所共願也然明不繼踵忠
不万一者非必愚闇不達而惡名也所以求之
非道耳夫明據下起忠依上成二人同心則其利
斷金能如此者要在於明操法術而已矣
夫帝王者其利重矣其威大矣徙懸重利
足以勸善設嚴威可以懲姧乃張重利以
誘民操大威以驅之則舉世之人可令冒白刃
而不恨赴湯火而不難豈云但率之以共治

而不恨赴湯火而不難豈云但率之以共治
而不宜哉若鷹野鳥也然獵夫御之猶使終日
奮擊而不敢怠豈有人臣而不可使盡力者哉
進患使忠者賢不肖之所共願也誠皆願之
而行違者常苦其道不利而有害言未得
信而身敗歷觀古來愛君憂主敢言之臣忠
信未達而為左右所鞫按更為愚惡死狀之
臣者豈可勝數哉孝成終沒之日不知王章
之直孝哀終沒之日不知王嘉之忠也後賢

【第二十六紙】

之直孝哀終沒之日不知王嘉之忠也後賢
雖有直愛君哀主之情忠誠正直之節然猶且
沈吟觀聽是以忠臣必待明君乃能顯其節
良吏必得察主乃能成其功故聖人求之於
己不以責下也凡為人上法術明而賞罰必者
雖無言語而勢自治法術不明而賞罰不必
者雖日號令然勢自亂是故勢治者雖亂之
不亂勢亂者雖治之不治也堯舜揖讓元為有餘勢
治也胡亥王莽馳騖而不足勢亂也故洎言

治也胡亥王莽馳騖而不足勢亂也故善
者求之於勢弗責於人是以明王審法度而
布教令不行私以欺法不黷教以辱命故臣
下敬其言而奉其禁竭其心而稱其職此由
法術明也是故聖人顯諸仁藏諸用神而化
之使民宜之然後致其治而成其功業效
於民美譽傳於世然後君乃得稱明臣乃得稱
忠此所謂明據下作忠依上成二人同心其利
斷金者也

【第二十七紙】

斷金者也
人君之治莫大於道莫盛於德莫美於敎莫
神於化道者所以持之也德者所以弘之也
敎者所以致之也民有性有俗情性者心也
本也化俗者行也末也上君撫世先其本而
後其末順其心而理其行心情苟正則姦
慝无所生邪意无所載矣是故上聖不務
治民事而務治民心故曰聽訟吾由人也使无
訟乎道之以德齊之以禮民親愛則无相害傷

詒乎道之以德齊之以禮民親愛則无相害傷
之道之以德齊之以禮民親愛則无相害傷
之動思義則无姦邪之心若此者非法律
之所使也非威刑之所疆也此乃教化之所致
也聖人甚尊德禮而卑刑罰故舜先勅契
以敬敷五教而後令皐陶以五刑三居是故立
法者非以司民短而誅過誤乃以防姦惡而
救禍敗檢淫邪而内正道耳民蒙善化則
人有士君子之心被惡政則人有懷姦亂之

472 人有士君子之心彼惡政則人有懷姦亂之

473 慮故善者之養天也由良二之為麴頭也起

474 居以其時寒溫得其適則一蔭之麴頭盡美

475 而多量其遇拙一蔭之麴頭敢皆臭敗而弃

476 捐令六合之由一蔭也默首之屬猶豆麦也變

477 化云為在將者耳遭良吏則皆懷忠信而履

478 仁厚遇惡吏則皆懷姦耶而行淺薄忠厚

479 積則致太平姦薄積則致危亡是以聖帝明王

480 皆敦德化而薄威刑德者所以循己威者所以治

【第二十八紙】

皆敦德化而薄威刑德者所以脩已威者所以治
人也民之生世也猶鑠金之在鑪方圓薄厚
隨鎔制耳是故世之善惡俗之薄厚皆在於
君上誠能使六合之内舉世之人咸懷方厚
之情而無淺薄之惡各奉公正之心而無姧險
之慮則義農之俗復見于茲麟龍鸞鳳復
畜于郊矣

群書治要卷第卌四

群書治要巻第卌四

以蓮華王院寶蔵本一校了

直講清原

本奥書云

長寛二年五月十五日

散位従五位下藤原朝臣敦周點進

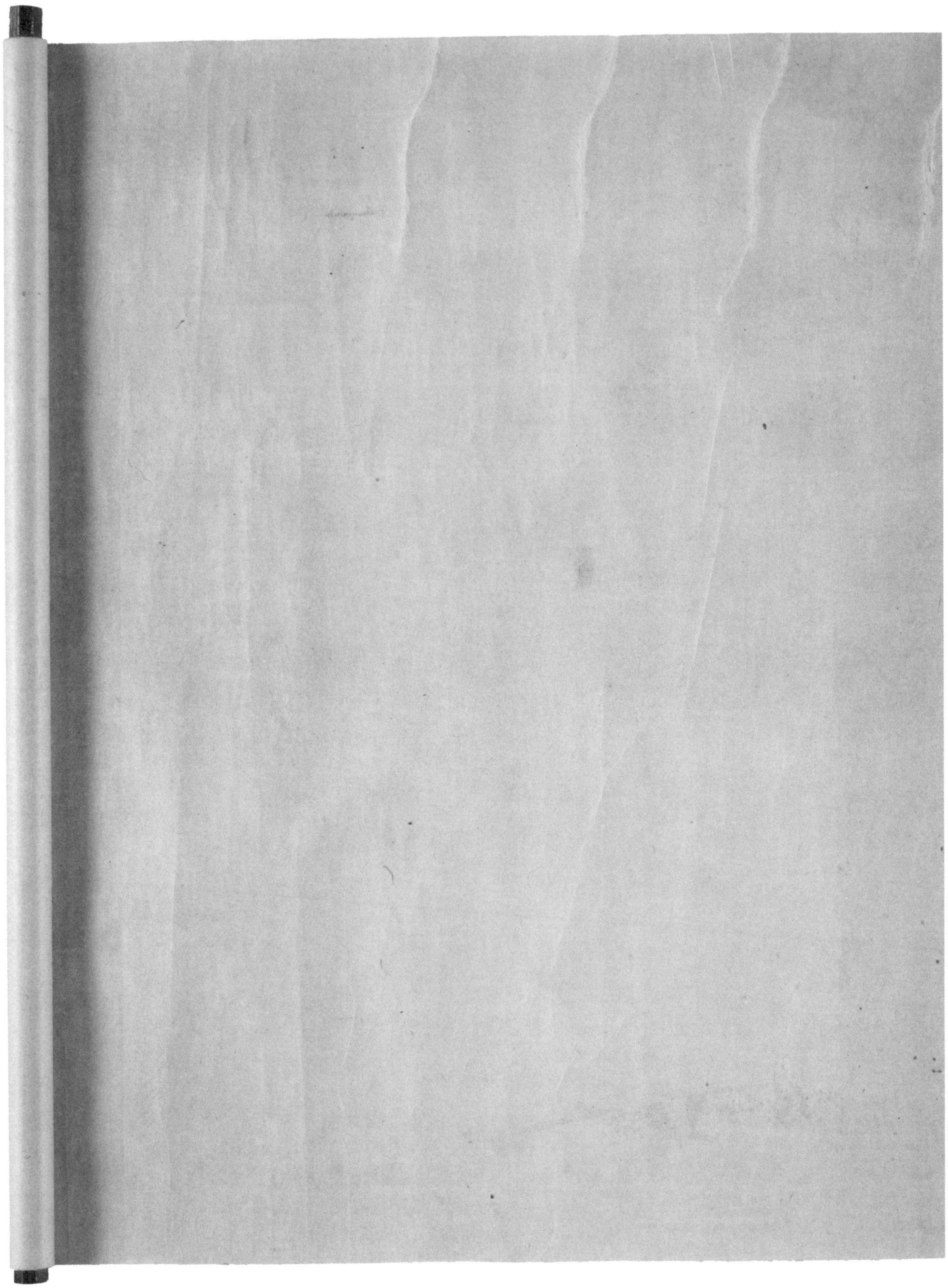